Simon Mumu
Kingsford Rucha

Operações electrónicas e desempenho organizacional no governo

Simon Mumu
Kingsford Rucha

Operações electrónicas e desempenho organizacional no governo

ScienciaScripts

Imprint

Any brand names and product names mentioned in this book are subject to trademark, brand or patent protection and are trademarks or registered trademarks of their respective holders. The use of brand names, product names, common names, trade names, product descriptions etc. even without a particular marking in this work is in no way to be construed to mean that such names may be regarded as unrestricted in respect of trademark and brand protection legislation and could thus be used by anyone.

Cover image: www.ingimage.com

This book is a translation from the original published under ISBN 978-613-8-33233-6.

Publisher:
Sciencia Scripts
is a trademark of
Dodo Books Indian Ocean Ltd. and OmniScriptum S.R.L publishing group

120 High Road, East Finchley, London, N2 9ED, United Kingdom
Str. Armeneasca 28/1, office 1, Chisinau MD-2012, Republic of Moldova, Europe
Printed at: see last page
ISBN: 978-620-5-38474-9

RELAÇÃO ENTRE OPERAÇÕES ELECTRÓNICAS E DESEMPENHO ORGANIZACIONAL PARA AGÊNCIAS GOVERNAMENTAIS NO QUÉNIA

Simon Mutinda Mumu

Dr. Rucha Kingsford

ABSTRACT

As operações electrónicas no governo oferecem muitas oportunidades para melhorar a qualidade do serviço aos cidadãos. Os funcionários do governo devem ser capazes de trabalhar com a mesma facilidade, eficiência e eficácia que os seus homólogos no mundo comercial (simplificação da prestação de serviços aos cidadãos, 2002.As últimas duas décadas testemunharam uma mudança global para operações electrónicas com o objectivo de introduzir mudanças radicais na abordagem tradicional da prestação de serviços públicos. Esta mudança tem sido impulsionada por duas revoluções globais: a revolução da informação e a revolução da governação (Heeks, 2001). O desempenho organizacional compreende a produção ou resultados reais de uma organização, medidos em relação às suas metas e objectivos pretendidos. O objectivo geral deste estudo é estabelecer a relação entre as operações electrónicas e o desempenho organizacional entre as agências governamentais. O estudo adoptou uma abordagem exploratória utilizando um desenho descritivo de inquérito, que assegurou facilidade na compreensão da percepção e ideias sobre o problema. Tanto os dados primários como os dados secundários. Os dados secundários foram obtidos de agências governamentais nos sistemas de informação do Quénia. A estatística descritiva sob a forma de frequências, meios e desvios padrão foi utilizada para analisar os dados obtidos a partir do calendário de observações.

KeyWords: Gestão de Operações Electrónicas, Desempenho de Operações, *E-procurement*, Desempenho Organizacional

TABELA DE CONTEÚDOS

INTRODUÇÃO

1.1 Antecedentes do Estudo

E-operações referem-se a serviços baseados em tecnologia que permitem as interacções digitais entre um governo e cidadãos (G2C), governo e empresas (G2B), governo e empregados (G2E) e governo e governos/agências (G2G) (Irani & Love, 2002). De acordo com Chase et al. (2004), a estratégia das operações deveria desenvolver um foco operacional. O foco operacional inclui o tratamento dos clientes em termos de simpatia e utilidade, a rapidez e conveniência da prestação do serviço, o preço do serviço, a variedade de serviços disponíveis, a qualidade de quaisquer bens tangíveis que sejam centrais para o serviço, e o tipo e disponibilidade de quaisquer competências únicas que possam fazer parte do serviço. As operações electrónicas no governo são um instrumento-chave para a modernização e as reformas, uma vez que os governos enfrentam uma pressão contínua e aumentam o seu desempenho e adaptação à pressão da nova sociedade da informação (Mclean & Jelassi, 2003).

O governo das operações electrónicas, que tem sido cada vez mais identificado no âmbito do desenvolvimento do governo como um instrumento para alcançar a prosperidade económica (Waema & Mitulla, 2007). De acordo com o MoICT, (2008), o Kenya E-operations in Government Secretariat foi criado em 2004 sob o Gabinete do Presidente para ser um órgão de supervisão para galvanizar todos os projectos TIC dentro do governo com o objectivo de melhorar a prestação de serviços de todos os ministérios. O Ministério da Informação e Comunicações foi criado em 2004 pela primeira vez na história do Quénia, principalmente para lidar com os objectivos mais amplos de acesso universal para permitir aos cidadãos participar activamente numa economia global cada vez mais baseada no conhecimento).

Estudos empíricos definiram as E-operações no governo de diferentes maneiras: Coleman (2006)

definiu e-operações no governo como a combinação de

serviços

electrónicos baseados na informação

(e-administração) com o reforço de elementos participativos (e-democracia) para alcançar o objectivo de "operações electrónicas equilibradas". Muir e Oppenheim (2002) definiram as

operações electrónicas

no governo como a entrega de informação e serviços governamentais em linha através da

Internet ou de outros meios digitais. As operações electrónicas no governo também foram definidas

como a prestação de melhores serviços aos cidadãos, empresas e outros membros da sociedade

através de uma mudança drástica na forma como os governos gerem a informação (Kumar et al., 2007).

A prestação de serviços por via electrónica pelo governo requer uma utilização adequada das

tecnologias de informação e comunicação (TIC) para o avanço dos objectivos do sector

público

, e para a criação de um ambiente favorável ao crescimento social e económico (ONU, 2008). O sucesso global das operações electrónicas no governo deve estar ligado à realização de metas e objectivos relativos à prestação de serviços, ao reforço da eficácia de gestão (incluindo a eficiência), ao avanço da participação e outros mecanismos democráticos, e à criação de um quadro jurídico e regulamentar adequado (Gil-García & Luna-Reyes, 2007).

1.1.1 E-Operações

As últimas duas décadas testemunharam uma mudança global para operações electrónicas com o objectivo de introduzir mudanças radicais na abordagem tradicional da prestação de serviços públicos. Esta mudança tem sido impulsionada por duas revoluções globais: a revolução da informação e a revolução da governação (Heeks, 2001). Ambas as revoluções foram, por sua vez, tornadas possíveis pelos avanços nas tecnologias de informação e comunicação (TIC), que permitiram uma comunicação mais barata e mais rápida, e pelo método de prestação de informação, que transcendeu os limites tradicionais das operações em papel e acelerou a prestação de serviços públicos através de meios TIC (Kumar e Best, 2006).

Esta mudança é considerada como prioridade máxima para as agências que procuram melhorar a eficiência e eficácia dos serviços públicos (Chen *et al.* , 2006). Um recente inquérito das Nações Unidas (ONU) sobre as Eoperações de 2012 (UN, 2012) concluiu que quase todos os 193 Estados-Membros iniciaram a implementação de alguma forma de e-operações no governo. O relatório também indica uma grande variação na implementação entre os diferentes Estados-Membros com base nas diferenças de gestão, culturais, infra-estrutura e factores de agência humana. Cada país oferece um ambiente único para a implementação de e-operações em projectos governamentais. Aparentemente, cada ambiente tem motivações diferentes nas fases iniciais de implementação que podem induzir eventos únicos que mudam o foco das e-operações nas estratégias governamentais. O estudo de e-operações específicas em iniciativas governamentais pode, portanto, oferecer uma compreensão mais profunda do fenómeno e criar um paradigma de aprendizagem para as e-operações no campo da investigação governamental (Jaeger, 2003). Longe das autoridades públicas centrais, as empresas regionais (também chamadas rurais) não têm acesso directo e físico a todos os serviços que o governo ou os organismos públicos oferecem. Muito frequentemente, estes serviços são essenciais para as empresas, na sua maioria pequenas e médias empresas (PME) nessas áreas, a fim de realizarem as suas operações comerciais. Incluem serviços oferecidos por vários tipos de agências/autoridades governamentais, desde gabinetes fiscais, autoridades legislativas e autoridades locais, a câmaras de comércio (Huang, 2009; Salkute e Kohle, 2011). As tecnologias de informação e comunicação (TIC) visam abordar tais problemas, em primeiro lugar fornecendo os meios para as autoridades públicas implantarem e oferecerem serviços de operações electrónicas (operações electrónicas), e em segundo lugar facilitando o acesso das PME rurais a estes serviços à distância. Por outro lado, muitas vezes os profissionais e cidadãos não estão conscientes dos serviços públicos disponíveis electronicamente, ou não sabem como utilizá-los eficazmente para colherem os seus benefícios nas suas actividades comerciais diárias.

Uma estratégia de operações electrónicas é um elemento fundamental na modernização do sector público, através da identificação e desenvolvimento da estrutura organizacional, das formas de interacção com os cidadãos e as empresas, e da redução dos custos e dos níveis dos processos empresariais organizacionais. Fornece uma grande variedade de informação aos cidadãos e às empresas através da Internet. Contudo, o papel das operações electrónicas no governo não é apenas fornecer informação e serviços aos cidadãos, que poderiam ser fornecidos por empresas comerciais. As e-Operations podem desenvolver as ligações estratégicas entre as organizações do sector público e os seus departamentos, e fazer uma comunicação entre os níveis governamentais (por exemplo, central, municipal, e local). Esta ligação e comunicação melhoram a cooperação entre elas, facilitando o fornecimento e implementação das estratégias, transacções e políticas governamentais, e também uma melhor utilização e funcionamento dos processos, informação e recursos governamentais (Gabinete do Governo, 2000; Heeks, 2001). Os governos também podem transferir fundos electronicamente para outras agências governamentais ou fornecer informações a funcionários públicos através de uma intranet ou internet. Cabinet Office (2000) e Tyndale (2002) concordam ambos que as operações electrónicas no governo melhoraram a comunicação entre diferentes partes dos governos, de modo a que as pessoas não precisem de pedir repetidamente a mesma informação a diferentes fornecedores de serviços.

1.1.2 Desempenho Organizacional

O desempenho organizacional compreende a produção ou resultados reais de uma organização, medidos em relação às suas metas e objectivos pretendidos. O balanced scorecard centra-se em quatro perspectivas. Estas perspectivas são financeiras, cliente, processo empresarial interno e aprendizagem e crescimento. (Kaplan e Norton,1996). O desempenho organizacional é o conceito de medir o resultado de um determinado processo ou procedimento, modificando depois o processo ou procedimento para aumentar o resultado, aumentar a eficiência, ou aumentar a eficácia do processo ou procedimento. O conceito de desempenho organizacional pode ser aplicado quer ao desempenho individual, como um atleta, quer ao desempenho organizacional, como uma equipa de corrida ou uma empresa comercial ou mesmo uma quinta ou produção pecuária. Na melhoria do desempenho, o desempenho organizacional é o conceito de mudança organizacional em que os gestores e o órgão dirigente de uma organização implementam e gerem um programa que mede o nível actual de desempenho da organização e depois gera ideias para modificar o comportamento organizacional e a infra-estrutura que são implementadas para alcançar um maior rendimento.

Os principais objectivos do desempenho organizacional são aumentar a eficácia e eficiência organizacional para melhorar a capacidade da organização de fornecer bens e/ou serviços. Outra área no desempenho organizacional que por vezes visa a melhoria contínua é a eficácia organizacional, que envolve o processo de definição de metas e objectivos organizacionais num ciclo contínuo. O desempenho organizacional a nível operacional ou individual dos funcionários envolve geralmente processos tais como o controlo estatístico da qualidade. A nível organizacional, o desempenho geralmente envolve formas de medição mais suaves, tais como inquéritos à satisfação do cliente, que são utilizados para obter informações qualitativas sobre o desempenho do ponto de vista dos clientes (Robert, 2001).

1.1.3 E-operações e Desempenho

Um corpo substancial de investigação revelou a ligação positiva entre inovação e desempenho para os departamentos governamentais. A inovação pode reforçar as vantagens competitivas para que o governo sirva bem as pessoas e alcance muitos (Harvey, 2000; McAfee, 2002). Como a adopção de tecnologia no processo de serviços logísticos também pode ser considerada como inovação tecnológica para o departamento, seria de esperar que haja uma relação positiva entre a adopção de tecnologia e o desempenho da cadeia de fornecimento para os prestadores de serviços. Além disso, com base na visão baseada em recursos. Uma empresa deve desenvolver uma estratégia viável para produzir um desempenho superior (Grant, 1991). Murphy e Poist (2000) argumentaram que as capacidades dos serviços logísticos, incluindo armazenagem eficiente, transporte e pagamento de facturas de frete, são factores que contribuem para um desempenho superior da cadeia de abastecimento. A tecnologia pode ajudar a identificação ao nível do item, o que é útil para identificar fácil e eficientemente cada item dentro de toda a cadeia de abastecimento (Davis e Luehlfing, 2004). É útil para avançar a capacidade de resposta rápida. Como as capacidades de serviço como a capacidade de resposta e flexibilidade podem melhorar o desempenho, as empresas com melhores capacidades de serviço podem atingir um desempenho de serviço mais elevado (Lai, 2004; Zhao et al., 2001). Portanto, pode esperar-se que a tecnologia melhore o desempenho da cadeia de fornecimento para a indústria logística. A plena utilização das operações electrónicas trará muitos benefícios à filosofia de gestão de muitos governos e irá colmatar a lacuna de interacção entre os cidadãos comuns e o governo. Isto implica que os cidadãos possam participar em colaboração na tomada de decisões/políticas. Este é o caso porque os governos têm sido vistos como estabelecimentos burocráticos complexos e mamutes com um conjunto de silos de informação que erguem barreiras ao acesso à informação e tornam a prestação de serviços incómoda e frustrante (Coleman, 2006). As operações electrónicas no governo também podem resultar em enormes economias de custos tanto para os governos como para os cidadãos, aumentar a transparência e reduzir as actividades corruptas na prestação de serviços públicos. Estudos anteriores classificaram a prestação de serviços públicos em três grupos: publicação, interacção e transacção (Kumar et al. 2007).

Ao propor critérios de adopção de operações electrónicas no governo, Warkentin et al. (2002) propuseram um modelo conceptual com a confiança dos cidadãos como catalisador subjacente para as operações electrónicas na adopção governamental. Gilbert e Balestrini (2004) propuseram e testaram um modelo que combina abordagens baseadas na atitude e na qualidade do serviço. O estudo de Warkentin et al. (2002) propõe a percepção de risco, controlo comportamental, utilidade e facilidade de utilização. Define o risco percepcionado como o medo de perder informação pessoal e o medo de ser monitorizado na Internet. É determinado pelo modelo conceptual proposto que se um indivíduo tivesse controlo sobre a forma como a informação pessoal vai ser utilizada, e o controlo de como e quando a informação pode ser adquirida, a adopção de operações electrónicas no governo poderia ser possível. Neste modelo, havia também a distância de poder, que é a distância entre as castas superior e inferior da sociedade, que afirma que os cidadãos dos países com maior distância de poder são mais propensos a adoptar operações electrónicas no governo do que os dos países com menor distância de poder. O outro modelo de Gilbert e Balestrini (2004) reúne abordagens baseadas na atitude e na qualidade de serviço. O modelo delineia a vontade de utilizar as operações electrónicas nos serviços governamentais incorporando a percepção (confidencialidade, facilidade de utilização, segurança, fiabilidade, apelo visual e prazer) e os benefícios relativos percebidos.

1.1.4 Agências governamentais no Quénia

Uma empresa pública, empresa estatal, ou empresa comercial governamental é uma entidade jurídica criada por um governo, para empreender actividades comerciais em nome de um governo proprietário, e é geralmente considerada como um elemento ou parte do estado. Não existe uma definição padrão, mas as características que as definem são que têm uma forma jurídica distinta e estão estabelecidas para operar em assuntos comerciais ou objectivos de política pública. Podem também ser propriedade total ou parcial do Governo.

No Quénia, as empresas estatais pertencem a vários ministérios-mãe e são estabelecidas através de leis do parlamento e de disposições da lei das empresas estatais (cap 446) do Quénia. As empresas estão categorizadas numa base funcional, principalmente empresas financeiras, comerciais/fabricantes, reguladoras, universidades públicas, formação e investigação, autoridades de desenvolvimento regional, ensino superior e empresas de formação e serviços. Algumas das empresas estatais são semi autónomas na medida em que têm os seus próprios orçamentos e geram as suas receitas e, portanto, não dependem do Estado para o financiamento, operando no entanto dentro das directrizes e mandato do Governo.

1.2 Problema de investigação

As operações electrónicas no governo oferecem muitas oportunidades para melhorar a qualidade do serviço aos cidadãos. Os cidadãos devem poder obter serviço ou informação em minutos ou horas, em comparação com o padrão actual de dias ou semanas, os cidadãos, empresas e governos estaduais e locais devem poder encontrar os relatórios necessários sem terem de contratar os serviços dos peritos Heeks, (2003). Os funcionários do governo deveriam poder trabalhar tão fácil, eficiente e eficazmente como os seus homólogos no mundo comercial (prestação simplificada de serviços aos cidadãos, 2002).

Embora muitos governos de países em desenvolvimento estejam entusiasmados com as operações electrónicas no governo e ofereçam algum nível de serviço online, porque continua a ser um desafio implementar as operações electrónicas nos serviços governamentais? A razão simples é que as e-operações no governo não são fáceis. As e-operações no governo envolvem tomar tecnologias baseadas em computadores e combiná-las com processos administrativos baseados no ser humano para criar novas formas de servir os cidadãos.

As organizações têm de adaptar as TIC aos processos empresariais. Do mesmo modo, os processos empresariais têm de se adaptar às TIC. As TIC proporcionam novas funções para fazer coisas que não eram possíveis. Não é apenas um desafio para as organizações compreenderem os sistemas informáticos, é também um desafio compreender os processos empresariais, legislativos e políticos que compõem as operações quotidianas de todos os tipos de instituições governamentais. Muitos dos processos envolvem numerosos passos e procedimentos que têm evoluído idiossincráticamente para se conformarem à legislação, mandatos e normas baseadas na estrutura burocrática formal e nas práticas informais dos funcionários de cada ministério.

Os governos devem compreender o contexto local e as práticas locais em que as TIC serão utilizadas para fornecer operações electrónicas nos serviços governamentais (Robey et al. 2007). Geralmente, os países em desenvolvimento adoptam frequentemente as TIC e o software que são concebidos no mundo desenvolvido e introduzidos a eles através de programas de transferência de tecnologia. Um caso largamente mal sucedido é aquele em que alguns objectivos foram alcançados mas a maioria dos grupos de interessados não atingiram os seus principais objectivos e/ou tiveram resultados indesejáveis significativos. No entanto, enquanto as E-operações no governo continuam a ser tocadas como uma iniciativa crítica para a transformação do governo, as múltiplas interpretações e a imprecisão geral da E-governação como conceito têm sido notadas, em parte devido à falta de um reconhecimento profundo dos seus complexos ambientes políticos e institucionais (Yildiz, 2007).

Muitos investigadores deram-lhe o objectivo de compreender as iniciativas que encorajam a adopção de e-operações nos serviços governamentais em diferentes ambientes. Estes estudos demonstraram que, apesar dos diferentes ambientes terem características diferentes, existem iniciativas gerais que promovem a adopção de e-operações nos serviços governamentais por cidadãos comuns.

As operações electrónicas devem também ser utilizadas para melhorar a forma como os funcionários públicos utilizam os recursos públicos para apoiar a sociedade (Kerby, 2005). O verdadeiro potencial do governo electrónico no que diz respeito a uma participação mais directa na governação e na tomada de decisões públicas por parte dos cidadãos ainda não é, a meu ver, completamente compreendido. Assim, a determinação de medidas significativas de eoperação no sucesso ou fracasso do governo no que diz respeito ao envolvimento dos cidadãos precisa de mais alguma consideração (Gabardi, 2001).

Localmente, Kamuren (2006) fez um inquérito sobre estratégia de licenciamento e vantagem competitiva na indústria de localização de veículos; um caso de Car Track (K) LTD. Ndungu, (2006) realizou uma pesquisa sobre a manutenção de uma vantagem competitiva na British Airways World Cargo - Kenya. Kung'u (2007) realizou um estudo sobre os desafios da implementação de estratégias nas principais igrejas de fluxo no Quénia, enquanto Meca, (2007) realizou um estudo sobre a escolha de estratégias na Kenya Pipeline Company utilizando a grande matriz de estratégias de Ansoff. Contudo, nenhum destes estudos locais e internacionais centrou a sua investigação sobre qual é a relação entre as operações electrónicas e o desempenho organizacional para as agências governamentais?

1.3 Objectivo da investigação

O objectivo geral deste estudo é o de estabelecer a relação entre as operações electrónicas e o desempenho organizacional entre as agências governamentais.

Os objectivos específicos para o estudo são;

i.   Para avaliar o grau de adopção das operações electrónicas nas agências governamentais do Quénia?

ii.   Determinar a relação entre as operações electrónicas e o desempenho organizacional em agências governamentais no Quénia

1.4 Valor do Estudo

O estudo acrescentou valor e conhecimentos sobre como implementar operações electrónicas directas aos utilizadores finais, bem como às agências governamentais no Quénia. Em segundo lugar, o estudo também acrescentou teoria sobre a melhor forma de melhorar a prestação de serviços através de operações electrónicas, no que diz respeito às expectativas do público. Além disso, a investigação proporcionou uma compreensão mais profunda no campo da prestação de serviços com melhores sítios web de interacção.

O estudo beneficiou os conselhos de administração das agências governamentais no Quénia ao dar orientações sobre os aspectos-chave de valor das operações electrónicas nos departamentos governamentais. Os conselhos actuam em nome das partes interessadas, esforçando-se sempre por relatar de forma abrangente, precisa e atempada. Os resultados do estudo serviram como ponto de partida para novas investigações no governo electrónico para académicos e investigadores em geral. O estudo abriu os olhos para a investigação em governos em desenvolvimento. Os resultados deste estudo seriam também inestimáveis para investigadores e académicos, uma vez que constituiriam uma base para mais investigação. Os estudantes e académicos utilizariam este estudo como base para discussões sobre o efeito das operações electrónicas nas operações governamentais na eficácia organizacional e eficiência do processo.

ABSTRACT

As organizações têm de adaptar as TIC aos processos empresariais. As operações electrónicas no governo oferecem muitas oportunidades para melhorar a qualidade do serviço aos cidadãos. Os cidadãos devem poder obter serviço ou informação em minutos ou horas, em comparação com o padrão actual de dias ou semanas, os cidadãos, as empresas e os governos estaduais e locais devem poder encontrar os relatórios necessários sem terem de contratar os serviços de peritos .Os objectivos específicos do estudo eram avaliar o grau de adopção das e-operações nas Agências Governamentais no Quénia e determinar a relação entre as ·e-operações e o desempenho organizacional nas Agências Governamentais no Quénia. O estudo adoptou uma concepção descritiva da Investigação, que assegurou a facilidade de compreensão da percepção e das ideias sobre o problema. Esta investigação utilizou tanto dados primários como secundários. Os dados secundários foram obtidos de Agências Governamentais no Quénia. Os dados primários foram recolhidos através de questionários semi-estruturados. Os dados primários foram recolhidos através de questionários semi-estruturados. Isto foi feito utilizando o método drop and pick para a amostra de 10% 175 respondentes de 1750 empregados que trabalhavam em agências governamentais no Quénia. Os dados dos questionários e o calendário das entrevistas foram codificados e a resposta sobre cada item foi colocada em temas principais específicos. Os dados obtidos a partir dos instrumentos de investigação foram analisados através da utilização de estatísticas descritivas (frequências e percentagens) e de estatísticas inferenciais. Com base nos resultados acima referidos, o estudo conclui que a tecnologia foi utilizada em grande medida em vários departamentos que incluem: Análise de risco, controlo do risco, monitorização e avaliação do risco. Do estudo, o investigador conclui também que, a falta de apoio da gestão de topo, o medo da gestão da tecnologia, as questões de segurança, o nível de alfabetização dos clientes e a falta de competência do pessoal de TI constituiu uma barreira à qualidade do serviço no departamento.

KeyWords: Gestão de Operações Electrónicas, Desempenho de Operações, *E-procurement*, Desempenho Organizacional

INTRODUÇÃO

1.1 Antecedentes do Estudo

E-operações referem-se a serviços baseados em tecnologia que permitem as interacções digitais entre um governo e cidadãos (G2C), governo e empresas (G2B), governo e empregados (G2E) e governo e governos/agências (G2G) (Irani & Love, 2002). De acordo com Chase et al. (2004), a estratégia das operações deveria desenvolver um foco operacional. O foco operacional inclui o tratamento dos clientes em termos de simpatia e utilidade, a rapidez e conveniência da prestação do serviço, o preço do serviço, a variedade de serviços disponíveis, a qualidade de quaisquer bens tangíveis que sejam centrais para o serviço, e o tipo e disponibilidade de quaisquer competências únicas que possam fazer parte do serviço. As operações electrónicas no governo são um instrumento-chave para a modernização e as reformas, uma vez que os governos enfrentam uma pressão contínua e aumentam o seu desempenho e adaptação à pressão da nova sociedade da informação (Mclean & Jelassi, 2003).

O governo das operações electrónicas, que tem sido cada vez mais identificado no âmbito do desenvolvimento do governo como um instrumento para alcançar a prosperidade económica (Waema & Mitulla, 2007). De acordo com o MoICT, (2008), o Kenya E-operations in Government Secretariat foi criado em 2004 sob o Gabinete do Presidente para ser um órgão de supervisão para galvanizar todos os projectos TIC dentro do governo com o objectivo de melhorar a prestação de serviços de todos os ministérios. O Ministério da Informação e Comunicações foi criado em 2004 pela primeira vez na história do Quénia, principalmente para lidar com os objectivos mais amplos de acesso universal para permitir aos cidadãos participar activamente numa economia global cada vez mais baseada no conhecimento).

Os estudos empíricos definiram as E-operações no governo de diferentes maneiras: Coleman (2006) definiu e-operações no governo como a combinação de serviços electrónicos baseados na informação (e-administração) com o reforço de elementos participativos (edemocracia) para alcançar o objectivo de "operações electrónicas equilibradas". Muir e Oppenheim (2002) definiram as operações electrónicas no governo como a prestação de informação e serviços governamentais em linha através da Internet ou de outros meios digitais. As operações electrónicas no governo também foram definidas como a prestação de melhores serviços aos cidadãos, empresas e outros membros da sociedade através de uma mudança drástica na forma como os governos gerem a informação (Kumar et al., 2007). A prestação de serviços por via electrónica pelo governo exige uma utilização adequada das tecnologias de informação e comunicação (TIC) para o avanço dos objectivos do sector público, e para a criação de um ambiente favorável ao crescimento social e económico (ONU, 2008). O sucesso global das operações electrónicas no governo deve estar ligado à realização de metas e objectivos relativos à prestação de serviços, ao reforço da eficácia de gestão (incluindo a eficiência), ao avanço da participação e outros mecanismos democráticos, e à criação de um quadro jurídico e regulamentar adequado (Gil-García & Luna-Reyes, 2007).

1.1.1 E-Operações

As últimas duas décadas testemunharam uma mudança global para operações electrónicas com o objectivo de introduzir mudanças radicais na abordagem tradicional da prestação de serviços públicos. Esta mudança tem sido impulsionada por duas revoluções globais: a revolução da informação e a revolução da governação (Heeks, 2001). Ambas as revoluções foram, por sua vez, tornadas possíveis pelos avanços nas tecnologias de informação e comunicação (TIC), que permitiram uma comunicação mais barata e mais rápida, e pelo método de prestação de informação, que transcendeu os limites tradicionais das operações em papel e acelerou a prestação de serviços públicos através de meios TIC (Kumar e Best, 2006).

Esta mudança é considerada como prioridade máxima para as agências que procuram melhorar a eficiência e eficácia dos serviços públicos (Chen *et al.* , 2006). Uma recente Pesquisa de Eoperações das Nações Unidas (ONU) de 2012 (UN, 2012) descobriu que quase todos os 193 Estados-Membros iniciaram a implementação de alguma forma de e-operações no governo. O relatório também indica uma grande variação na implementação entre os diferentes Estados-Membros com base nas diferenças de gestão, cultura, infra-estruturas, e factores de agência humana. Cada país oferece um ambiente único para a implementação de e-operações em projectos governamentais. Aparentemente, cada ambiente tem motivações diferentes nas fases iniciais de implementação que podem induzir eventos únicos que mudam o foco das e-operações nas estratégias governamentais. O estudo de e-operações específicas em iniciativas governamentais pode, portanto, oferecer uma compreensão mais profunda do fenómeno e criar um paradigma de aprendizagem para as e-operações no campo da investigação governamental (Jaeger, 2003).

Longe das autoridades públicas centrais, as empresas regionais (também chamadas rurais) não têm acesso directo e físico a todos os serviços que o governo ou os organismos públicos oferecem. Muito frequentemente, estes serviços são essenciais para as empresas, na sua maioria pequenas e médias empresas (PME) nessas áreas, a fim de realizarem as suas operações comerciais. Incluem serviços oferecidos por vários tipos de agências/autoridades governamentais, desde gabinetes fiscais, autoridades legislativas e autoridades locais, a câmaras de comércio (Huang, 2009; Salkute e Kohle, 2011). As tecnologias de informação e comunicação (TIC) visam abordar tais problemas, em primeiro lugar fornecendo os meios para as autoridades públicas implantarem e oferecerem serviços de operações electrónicas (operações electrónicas), e em segundo lugar facilitando o acesso das PME rurais a estes serviços à distância. Por outro lado, muitas vezes os profissionais e cidadãos não estão conscientes dos serviços públicos disponíveis electronicamente, ou não sabem como utilizá-los eficazmente para colherem os seus benefícios nas suas actividades comerciais diárias. Uma estratégia de operações electrónicas é um elemento fundamental na modernização do sector público, através da identificação e desenvolvimento da estrutura organizacional, das formas de interacção com os cidadãos e as empresas, e da redução dos custos e dos níveis dos processos empresariais organizacionais. Fornece uma grande variedade de informação aos cidadãos e às empresas através da Internet. No entanto, o papel das operações electrónicas no governo não consiste apenas em fornecer informação e serviços aos cidadãos, que poderiam ser fornecidos por empresas comerciais. As E-Operations podem desenvolver as ligações estratégicas entre as organizações do sector público e os seus departamentos, e fazer uma comunicação entre os níveis governamentais (por exemplo, central, municipal, e local). Esta ligação e comunicação melhoram a cooperação entre elas, facilitando o fornecimento e implementação das estratégias, transacções e políticas governamentais, e também uma melhor utilização e funcionamento dos processos, informação e recursos governamentais (Gabinete do Governo, 2000; Heeks, 2001). Os governos também podem transferir fundos electronicamente para outras agências governamentais ou fornecer informações a funcionários públicos através de uma intranet ou internet. Gabinete

Office (2000) e Tyndale (2002) concordam ambos que as operações electrónicas no governo melhoraram a comunicação entre diferentes partes do governo, de modo a que as pessoas não precisem de pedir repetidamente a mesma informação a diferentes prestadores de serviços.

1.1.2 Desempenho Organizacional

O desempenho organizacional compreende a produção ou resultados reais de uma organização, medidos em relação às suas metas e objectivos pretendidos. O balanced scorecard centra-se em quatro perspectivas. Estas perspectivas são financeiras, cliente, processo empresarial interno e aprendizagem e crescimento. (Kaplan e Norton, 1996). O desempenho organizacional é o conceito de medir o resultado de um processo ou procedimento particular, modificando depois o processo ou procedimento para aumentar o resultado, aumentar a eficiência, ou aumentar a eficácia do processo ou procedimento. O conceito de desempenho organizacional pode ser aplicado quer ao desempenho individual, como um atleta, quer ao desempenho organizacional, como uma equipa de corrida ou uma empresa comercial ou mesmo uma quinta ou produção pecuária. Na melhoria do desempenho, o desempenho organizacional é o conceito de mudança organizacional em que os gestores e o órgão dirigente de uma organização implementam e gerem um programa que mede o nível actual de desempenho da organização e depois gera ideias para modificar o comportamento organizacional e a infra-estrutura que são implementadas para alcançar um maior rendimento.

Os principais objectivos do desempenho organizacional são aumentar a eficácia e eficiência organizacional para melhorar a capacidade da organização de fornecer bens e/ou serviços. Outra área do desempenho organizacional que por vezes visa a melhoria contínua é a eficácia organizacional, que envolve o processo de definição de metas e objectivos organizacionais num ciclo contínuo. O desempenho organizacional a nível operacional ou individual dos funcionários envolve geralmente processos tais como o controlo estatístico da qualidade. A nível organizacional, o desempenho geralmente envolve formas de medição mais suaves, tais como a satisfação do cliente Pesquisas que são utilizadas para obter informações qualitativas sobre o desempenho do ponto de vista dos clientes (Robert, 2001).

1.1.3 E-operações e Desempenho

Um corpo substancial de investigação revelou a ligação positiva entre inovação e desempenho para os departamentos governamentais. A inovação pode reforçar as vantagens competitivas para que o governo sirva bem as pessoas e alcance muitos (Harvey, 2000; McAfee, 2002). Como a adopção de tecnologia no processo de serviços logísticos também pode ser considerada como inovação tecnológica para o departamento, seria de esperar que haja uma relação positiva entre a adopção de tecnologia e o desempenho da cadeia de fornecimento para os prestadores de serviços. Além disso, com base na visão baseada em recursos. Uma empresa deve desenvolver uma estratégia viável para produzir um desempenho superior (Grant, 1991). Murphy e Poist (2000) argumentaram que as capacidades dos serviços logísticos, incluindo armazenagem eficiente, transporte e pagamento de facturas de frete, são factores que contribuem para um desempenho superior da cadeia de abastecimento. A tecnologia pode ajudar a identificação ao nível do item, o que é útil para identificar fácil e eficientemente cada item dentro de toda a cadeia de abastecimento (Davis e Luehlfing, 2004).

É útil para fazer avançar a capacidade de resposta rápida. Como as capacidades de serviço como a capacidade de resposta e flexibilidade podem melhorar o desempenho, as empresas com melhores capacidades de serviço podem atingir um desempenho de serviço mais elevado (Lai, 2004; Zhao et al., 2001). Portanto, pode esperar-se que a tecnologia melhore o desempenho da cadeia de fornecimento para a indústria logística. A plena utilização das operações electrónicas trará muitos benefícios à filosofia de gestão de muitos governos e irá colmatar a lacuna de interacção entre os cidadãos comuns e o governo. Isto implica que os cidadãos possam participar em colaboração na tomada de decisões/políticas. Este é o caso porque os governos têm sido vistos como estabelecimentos burocráticos complexos e mamutes com um conjunto de silos de informação que erguem barreiras ao acesso à informação e tornam a prestação de serviços incómoda e frustrante (Coleman, 2006). As operações electrónicas no governo também podem resultar em enormes economias de custos tanto para os governos como para os cidadãos, aumentar a transparência e reduzir as actividades corruptas na prestação de serviços públicos. Estudos anteriores classificaram a prestação de serviços públicos em três grupos: publicação, interacção e transacção (Kumar et al. 2007).

Ao propor critérios de adopção de operações electrónicas no governo, Warkentin et al. (2002) propuseram um modelo conceptual com a confiança dos cidadãos como catalisador subjacente para as operações electrónicas na adopção governamental. Gilbert e Balestrini (2004) propuseram e testaram um modelo que combina abordagens baseadas na atitude e na qualidade do serviço. O estudo de Warkentin et al. (2002) propõe a percepção de risco, controlo comportamental, utilidade e facilidade de utilização. Define o risco percepcionado como o medo de perder informação pessoal e o medo de ser monitorizado na Internet. É determinado pelo modelo conceptual proposto que se um indivíduo tivesse controlo sobre a forma como a informação pessoal vai ser utilizada, e o controlo de como e quando a informação pode ser adquirida, a adopção de operações electrónicas no governo poderia ser possível. Neste modelo, havia também a distância de poder, que é a distância entre as castas superior e inferior da sociedade, que afirma que os cidadãos dos países com maior distância de poder são mais propensos a adoptar operações electrónicas no governo do que os dos países com menor distância de poder. O outro modelo de Gilbert e Balestrini (2004) reúne abordagens baseadas na atitude e na qualidade de serviço. O modelo delineia a vontade de utilizar as operações electrónicas nos serviços governamentais incorporando a percepção (confidencialidade, facilidade de utilização, segurança, fiabilidade, apelo visual e prazer) e os benefícios relativos percebidos.

1.1.4 Agências governamentais no Quénia

Uma empresa pública, empresa estatal, ou empresa comercial governamental é uma entidade jurídica criada por um governo, para empreender actividades comerciais em nome de um governo proprietário, e é geralmente considerada como um elemento ou parte do estado. Não existe uma definição padrão, mas as características que as definem são que têm uma forma jurídica distinta e estão estabelecidas para operar em assuntos comerciais ou objectivos de política pública. Podem também ser propriedade total ou parcial do Governo.

No Quénia, as empresas estatais pertencem a vários ministérios-mãe e são estabelecidas através de leis do parlamento e de disposições da lei das empresas estatais (cap 446) do Quénia. As empresas são categorizadas numa base funcional, principalmente empresas financeiras, comerciais/fabricantes, reguladoras, universidades públicas, formação e investigação, autoridades de desenvolvimento regional, ensino superior e empresas de formação e serviços. Algumas das empresas estatais são semi autónomas na medida em que têm os seus próprios orçamentos e geram as suas receitas e, portanto, não dependem do Estado para o financiamento, operando no entanto dentro das directrizes e mandato do Governo.

1.2 Problema de investigação

As operações electrónicas no governo oferecem muitas oportunidades para melhorar a qualidade do serviço aos cidadãos. Os cidadãos devem poder obter serviço ou informação em minutos ou horas, em comparação com o padrão actual de dias ou semanas, os cidadãos, empresas e governos estaduais e locais devem poder encontrar os relatórios necessários sem terem de contratar os serviços dos peritos Heeks, (2003). Os funcionários do governo deveriam poder trabalhar tão fácil, eficiente e eficazmente como os seus homólogos no mundo comercial (prestação simplificada de serviços aos cidadãos, 2002).

Embora muitos governos de países em desenvolvimento estejam entusiasmados com as operações electrónicas no governo e ofereçam algum nível de serviço online, porque continua a ser um desafio implementar as operações electrónicas nos serviços governamentais? A razão simples é que as e-operações no governo não são fáceis. As e-operações no governo envolvem tomar tecnologias baseadas em computadores e combiná-las com processos administrativos baseados no ser humano para criar novas formas de servir os cidadãos.

As organizações têm de adaptar as TIC aos processos empresariais. Do mesmo modo, os processos empresariais têm de se adaptar às TIC. As TIC proporcionam novas funções para fazer coisas que não eram possíveis. Não é apenas um desafio para as organizações compreenderem os sistemas informáticos, é também um desafio compreender os processos empresariais, legislativos e políticos que compõem as operações quotidianas de todos os tipos de instituições governamentais. Muitos dos processos envolvem numerosos passos e procedimentos que têm evoluído idiossincráticamente para se conformarem à legislação, mandatos e normas baseadas na estrutura burocrática formal e nas práticas informais dos funcionários de cada ministério.

Os governos devem compreender o contexto local e as práticas locais em que as TIC serão utilizadas para fornecer operações electrónicas nos serviços governamentais

(Robey et al. 2007). Geralmente, os países em desenvolvimento adoptam frequentemente as TIC e o software que são concebidos no mundo desenvolvido e introduzidos a eles através de programas de transferência de tecnologia. Um caso largamente mal sucedido é aquele em que alguns objectivos foram alcançados mas a maioria dos grupos de interessados não atingiram os seus principais objectivos e/ou tiveram resultados indesejáveis significativos. No entanto, enquanto as E-operações no governo continuam a ser tocadas como uma iniciativa crítica para a transformação do governo, as múltiplas interpretações e a imprecisão geral da E-governação como conceito têm sido notadas, em parte devido à falta de um reconhecimento profundo dos seus complexos ambientes políticos e institucionais (Yildiz, 2007).

Muitos investigadores deram-lhe o objectivo de compreender as iniciativas que encorajam a adopção de e-operações nos serviços governamentais em diferentes ambientes. Estes estudos demonstraram que, apesar dos diferentes ambientes terem características diferentes, existem iniciativas gerais que promovem a adopção de e-operações nos serviços governamentais por cidadãos comuns. As e-operações devem também ser utilizadas para melhorar a forma como os funcionários públicos utilizam os recursos públicos para apoiar a sociedade (Kerby, 2005). O verdadeiro potencial do governo electrónico no que diz respeito à participação mais directa na governação e na tomada de decisões públicas por parte dos cidadãos ainda não é, a meu ver, completamente compreendido. Assim, a determinação de medidas significativas de operações electrónicas no sucesso ou fracasso do governo no que diz respeito ao envolvimento dos cidadãos precisa de mais alguma consideração (Gabardi, 2001).

Localmente, Kamuren (2006) fez uma investigação sobre estratégia de licenciamento e vantagem competitiva na indústria de localização de veículos; um caso de Car Track (K) LTD. Ndungu, (2006) realizou uma investigação sobre a manutenção de uma vantagem competitiva na British Airways World Cargo - Kenya. Kung'u (2007) realizou uma investigação sobre os desafios da implementação de estratégias nas principais igrejas de fluxo no Quénia, enquanto que Mecha, (2007) realizou um estudo de escolha de estratégias na Kenya Pipeline Company utilizando a grande matriz de estratégias de Ansoff. Contudo, nenhum destes estudos locais e internacionais centrou a sua investigação na relação entre as operações electrónicas e o desempenho organizacional das agências governamentais?

1.3 Objectivo da investigação
O objectivo geral deste estudo foi o de estabelecer a relação entre as operações electrónicas e o desempenho organizacional entre as agências governamentais.
Os objectivos específicos para o estudo são;
i.   Para avaliar o grau de adopção das operações electrónicas nas agências

governamentais do Quénia?

ii.   Determinar a relação entre as operações electrónicas e o desempenho organizacional em agências governamentais no Quénia

1.4 Valor do Estudo

O estudo irá acrescentar valor e conhecimentos sobre como implementar operações electrónicas directas aos utilizadores finais, bem como às agências governamentais no Quénia como uma agência. Em segundo lugar, o estudo adicionará também teoria sobre como melhorar melhor a prestação de serviços através de operações electrónicas quanto às expectativas do público. Além disso, a investigação proporcionará uma compreensão mais profunda no campo da prestação de serviços com melhores sítios web de interacção.

O estudo beneficiou os conselhos de administração das agências governamentais no Quénia ao dar orientações sobre os aspectos-chave de valor das operações electrónicas nos departamentos governamentais. Os conselhos actuam em nome das partes interessadas, esforçando-se sempre por relatar de forma abrangente, precisa e atempada. Este estudo contribuiria de alguma forma para os ajudar a desempenhar o seu papel de supervisão.

Os resultados do estudo devem servir como ponto de partida para novas investigações no governo E para académicos e investigadores em geral. Este estudo será um abrir de olhos na investigação em governos em desenvolvimento. Os resultados deste estudo seriam também inestimáveis para investigadores e académicos, uma vez que constituiriam uma base para investigações futuras. Os estudantes e académicos utilizariam este estudo como base para discussões sobre o efeito das operações electrónicas nas operações governamentais na eficácia organizacional e eficiência do processo.

CHAPTER 2:   : REVISÃO BIBLIOGRÁFICA

2.1 Introdução

Este capítulo apresenta a revisão da literatura. Esta secção reflecte sobre a operação E no governo, revisão teórica, transferência de tecnologia como uma perspectiva fundacional da Eoperação na conceptualização do governo. É também apresentada a conceptualização da Tecnologia da Informação (TI) e os impactos esperados, bem como os componentes das operações electrónicas no governo.

2.2 Revisão Teórica

Uma vez que as operações electrónicas nos serviços governamentais são principalmente fornecidas utilizando as TIC, é imperativo que a compreensão da adopção das Tecnologias de Informação (TI) seja feita. Este entendimento pode ainda ser alargado para nos ajudar a compreender a aceitação e adopção de e-operações nos sistemas governamentais. Em 1989, baseando o seu pensamento na Teoria da Acção Razoada (TRA) (Napoli, 2000; Castells, 1996, 2001), Davis desenvolveu o Modelo de Aceitação de Tecnologia (TAM) numa tentativa de explicar como é que os utilizadores vêm aceitar e utilizar a tecnologia (Curtin et al., 2003). O UTAUT ajuda os gestores a avaliar a probabilidade (probabilidade) de sucesso das novas tecnologias, bem como a compreender os motores da aceitação da tecnologia. A teoria de Everett Rogers de Difusão de Inovações (DOI) no âmbito da abordagem de difusão visa analisar as características dos adoptantes de tecnologia (Napoli, 2000).

2.2.1 Teoria do Modelo de Aceitação de Tecnologia

O Modelo de Aceitação de Tecnologia (TAM) é uma extensão influente da Teoria da Acção Razoada (TRA) de Ajzen e Fishbein (1980). Foi introduzida e desenvolvida por Fred Davis em 1986. O TAM é um modelo derivado de uma teoria que aborda a questão de como os utilizadores passam a aceitar e a utilizar tecnologia específica. O modelo sugere que quando os utilizadores são apresentados, por exemplo, com um novo pacote de software, uma série de variáveis influenciam as suas decisões sobre como e quando irão utilizá-lo. Há duas variáveis específicas, utilidade percebida e utilidade percebida no modelo TAM originalmente referida à produtividade, desempenho e eficácia relacionados com o trabalho (Davis, 1989). Esta é uma crença importante identificada como proporcionando uma percepção diagnóstica sobre como as atitudes dos utilizadores relativamente à utilização (e intenção de utilização) são influenciadas; a utilidade percebida tem um efeito directo nas intenções de utilização para além da sua influência através da atitude (Davis, 1989; Taylor & Todd, 1995). Incorporando conceitos utilizados na Teoria da Expectativa, Triandis (1980) propôs que um factor importante que influencia o comportamento são as consequências esperadas do comportamento.

A utilidade percebida foi encontrada como sendo construções significativas nas operações electrónicas na literatura de adopção governamental (por exemplo, Carter & Belanger, 2004, 2005). A investigação anterior era inconsistente sobre se a percepção da utilidade era o factor determinante mais forte. Fu, Farn, e Chao (2006) e Norazah, Ramayah, e Norbayah (2008) descobriram que a intenção comportamental era em grande parte motivada pela percepção da utilidade. A percepção da facilidade de utilização foi considerada como sendo construções significativas nas eoperações da literatura de adopção governamental (por exemplo, Carter & Belanger, 2004, 2005). Wang (2002) descobriu que a percepção da facilidade de utilização era um indicador mais forte da intenção das pessoas de arquivar por via electrónica do que da percepção da utilidade. A percepção da facilidade de utilização foi considerada como tendo influenciado positivamente a intenção comportamental de utilizar um sistema (Fagan, Wooldridge, & Neill, 2008; Hsu, Wang, & Chiu, 2009; Ramayah, Chin, Norazah, & Amlu 2005).

2.2.2 Difusão da Teoria da Inovação

A investigação sobre a difusão da inovação tem sido amplamente aplicada em disciplinas como a educação, sociologia, comunicação, agricultura, marketing e tecnologia da informação, etc. (Rogers, 1995; Karahanna, et al., 1999; Agarwal, Sambamurthy, & Stair, 2000). Uma inovação é "uma ideia, prática, ou objecto que é percebido como novo por um indivíduo ou outra unidade de adopção" (Rogers, 1995, p. 11). A difusão, por outro lado, é "o processo pelo qual uma inovação é comunicada através de certos canais ao longo do tempo entre os membros de um sistema social" (Rogers, 1995, p. 5). Portanto, a teoria da IDT argumenta que "os potenciais utilizadores tomam decisões para adoptar ou rejeitar uma inovação com base nas crenças que formam sobre a inovação" (Agarwal, 2000, p. 90). A IDT inclui cinco características de inovação significativas: vantagem relativa, compatibilidade, complexidade, e capacidade de experimentação e observabilidade. A vantagem relativa é definida como o grau em que uma inovação é considerada como sendo melhor do que a ideia que substituiu. Esta construção é considerada como um dos melhores preditores da adopção de uma inovação. A compatibilidade refere-se ao grau em que a inovação é considerada como sendo consistente com os valores existentes dos potenciais utilizadores finais, experiências anteriores e necessidades. A complexidade é o nível de dificuldade percebido pelos utilizadores finais na compreensão das inovações e a sua facilidade de utilização. A capacidade de experimentação refere-se ao grau em que as inovações podem ser testadas numa base limitada. A observabilidade é o grau em que os resultados das inovações podem ser visíveis por outras pessoas. Estas características são utilizadas para explicar a adopção de inovações pelo utilizador final e o processo de tomada de decisões.

Teoricamente, a difusão da perspectiva não tem qualquer relação explícita com o TAM, mas ambos partilham algumas construções chave. Verificou-se que a vantagem relativa construída em IDT é semelhante à noção de PU no TAM, e a complexidade construída em IDT captura a UEP no modelo de aceitação de tecnologia, embora o sinal seja o oposto (Moore & Benbasat, 1991). Além disso, em termos da construção de complexidade, a TAM e a IDT propõem que a formação da intenção dos utilizadores seja parcialmente determinada pela dificuldade de compreensão ou utilização da inovação (Davis, et al., 1989; Rogers, 1995). Por outras palavras, quanto menos complexo for o uso de algo, mais provável é que um indivíduo o aceite. A compatibilidade está associada à adequação de uma tecnologia a experiências anteriores, enquanto a capacidade de tentar e observar está associada à disponibilidade de oportunidades para experiências relevantes. Estas construções estão relacionadas com experiências tecnológicas anteriores ou com oportunidades de experimentar a tecnologia em consideração. A compatibilidade, e a capacidade de tentar e observar podem ser tratadas como variáveis externas, que afectam directamente as construções no modelo de aceitação de tecnologia. Após a adopção inicial, os efeitos destes três construtos poderiam ser diminuídos com a experiência contínua e reduzidos ao longo do tempo (Karahanna et al., 1999).

Até agora, numerosos estudos integraram com sucesso IDT na TAM para investigar o comportamento de aceitação de tecnologia por parte dos utilizadores (Hardgrave, Davis, & Riemenschneider, 2003; Wu & Wang, 2005; Chang & Tung, 2008). Poucos tentaram examinar todas as características da IDT com a integração do TAM. Nesta investigação, melhoramos o TAM ao combinar características de IDT, acrescentando compatibilidade, complexidade, vantagem relativa, e a capacidade de tentar e observar como construções de investigação adicionais para aumentar a credibilidade e eficácia do estudo.

2.2.3 Teoria do Sistema Sócio-Técnico da Tecnologia da Informação
A Teoria do Comportamento Planeado (TPB) propõe que a intenção de uma pessoa de executar um comportamento foi o determinante central desse comportamento porque reflecte o nível de motivação que uma pessoa está disposta a exercer para executar o comportamento Titah e Barki, (2006). O TPB tem sido largamente utilizado por investigadores para compreender uma variedade de comportamentos relacionados com a saúde em vários grupos populacionais. Eccles and colleagues (Ahmed, (1998) sugerem que existe uma ligação previsível entre a intenção dos profissionais de saúde de se envolverem em comportamentos e o seu comportamento subsequente.

Um princípio fundamental do pensamento dos sistemas sócio-técnicos é que uma tecnologia por si só (na forma da sua capacidade técnica) tinha pouco significado para efeitos de análise organizacional, sendo verdadeiramente compreensível apenas em termos do contexto em que estava inserida e, por extensão, dos objectivos ou transformações organizacionais que serve ou permite (Simenda, K. (2009)). Indo além de uma preocupação com um utilizador e uma interface, a teoria dos sistemas sociotécnicos argumenta que uma rede de relações sociais envolve todas as práticas de trabalho (cooperação entre trabalhadores no decurso de uma tarefa, relações de supervisão, e interacção social geral). O emprego lucrativo de qualquer tecnologia depende da capacidade e vontade dos utilizadores de a empregarem para tarefas que valham a pena (aquelas consideradas centrais para os objectivos da organização). Consequentemente, qualquer tecnologia não pode ser analisada ou compreendida isoladamente da organização orientada para os objectivos que se pretende apoiar. A fim de optimizar conjuntamente tanto os atributos sociais como técnicos de qualquer organização, deve ser tomada em consideração a nível de engenharia a dinâmica social de qualquer organização ou sub-unidade dentro da mesma (Simenda, (2009).

A teoria dos sistemas sócio-técnicos deu origem a uma estrutura de concepção tecnológica que enfatiza a satisfação holística do trabalho (e não apenas o desempenho da tarefa) e a participação dos utilizadores ao longo de todo o processo de desenvolvimento. Assim, os teóricos sócio-técnicos recomendam a análise de todos os intervenientes, e não apenas dos utilizadores directos de uma inovação, a formação de grupos de planeamento para supervisionar a concepção, o desempenho dos exercícios de prototipagem, e a análise do impacto provável que a tecnologia terá na organização (Swanson, 1994). A intenção de tal processo de concepção era evitar efeitos secundários desagradáveis nas práticas de trabalho e assegurar tanto uma solução social como uma solução técnica para as necessidades informáticas de uma organização.

2.3 Determinantes do desempenho operacional

A emergência da economia digital e da tecnologia da Internet transformou muitos aspectos da gestão de operações e do marketing. As operações electrónicas oferecem um rico leque de oportunidades para melhorar o desempenho empresarial. A escolha de uma determinada aplicação de comércio electrónico é uma decisão estratégica que deve ser tomada no contexto da estratégia competitiva da empresa. A abordagem estratégica às decisões de comércio electrónico tornou-se cada vez mais importante em resultado dos padrões de adopção explosivos que tornam os aspectos competitivos cruciais (Swanson,e Crowston

K,. (2004). A e-operação é uma das formas mais populares de tecnologia electrónica aplicada às empresas e que o seu impacto na estratégia competitiva e a sua formulação é considerada fundamental (Lanckriet e Heene, 1999). A adaptação às mudanças na tecnologia é um factor chave que impulsiona a vantagem competitiva (Porter, 1980;

Miles and Snow, 1978).

2.3.1 Qualidade de serviço

Os autores ard (199Bouch3) sugerem que a qualidade do serviço é um aspecto chave
que diferencia a oferta de serviços e ajuda a construir vantagem competitiva, mas Pinho
et al. (2008) comentam que a prestação de serviços públicos através da utilização das
TIC ainda está nos seus primeiros anos e ainda que um grande número de cidadãos tem
tido uma experiência/interacção modesta ou inexistente com a mesma. De acordo com
Zeithaml *et al.* (2000), a qualidade dos serviços em linha é a medida em que um website
facilita a entrega eficiente e eficaz de produtos e serviços. Rowley (2010) acreditou o
trabalho de Zeithaml *et al.* (2010) e afirma que foi útil no desenvolvimento de escalas
e conjuntos de dimensões de qualidade de serviço. O estudo Akesson e Edvardsson
(2010) revela cinco dimensões de mudança na concepção de serviços devido à
introdução de operações electrónicas no governo (encontro e processo de serviço;
clientes como co-criadores e únicos produtores de serviços; eficiência; maior
complexidade; e integração). O estudo discute o significado destas conclusões com
exemplos particulares das transcrições das entrevistas. Jones *et al.* (2009) no seu
trabalho menciona que as operações electrónicas no governo nos próximos anos irão
transformar tanto a forma como os serviços públicos são prestados como a relação
fundamental entre os governos, a comunidade e os cidadãos.

O sucesso comercial pode ser simplesmente a medida em que a sua organização pode
produzir um produto ou serviço de maior qualidade do que os seus concorrentes são
capazes de fazer a um preço competitivo. Quando a qualidade é a chave do sucesso de
uma empresa, os sistemas de gestão de qualidade permitem às organizações manter-se
a par e satisfazer os actuais níveis de qualidade, satisfazer os requisitos de qualidade
do consumidor, reter empregados através de programas de remuneração competitivos,
e manter-se a par da mais recente tecnologia. Um sistema de gestão da qualidade é uma
técnica de gestão utilizada para comunicar aos empregados o que é necessário para
produzir a qualidade desejada dos produtos e serviços e para influenciar as acções dos
empregados para completar tarefas de acordo com as especificações de qualidade.
Contudo, apesar da ligação/relacionamento existente entre e-governação e qualidade
dos serviços, (Meuter *et al.* 52) apela a mais investigação e Parasuraman e Grewal
(2008) enfatizaram mais investigação sobre o impacto da tecnologia na cadeia de
qualidade do serviço-valor-lealdade. Santos comenta que a qualidade do serviço é um
dos principais factores que determinam o sucesso ou fracasso do comércio electrónico
e Buckley (2004) acrescenta que a investigação está atrasada porque os profissionais
se concentraram principalmente em questões de usabilidade e de medição da utilização
com pouca consideração pelos resultados. Nos últimos anos, tem havido muitas

deliberações de vários investigadores sobre a eficácia do serviço electrónico no contexto do sector público. De acordo com Chan e Al-Hawamdeh (2003) e Shackleton *et al.* (2005), muitas agências governamentais no sector governamental compreenderam o imperativo de utilizar a Internet para fornecer serviços aos cidadãos. Dabholkar e Bagozzi afirmam que a tecnologia tem tido uma influência notável no crescimento das opções de prestação de serviços nos últimos tempos.

2.3.2 Sistemas de Informação

Vários investigadores de Sistemas de Informação (SI) (Alter, 2003; Benbasat & Zmud, 2003; Guthrie, 2003; Holand, 2003; Whinston & Geng, 2004; Wu, 2003; Faraj, Kwon & Watts, 2004, Sein & Harindranath, 2004; Myers, 2003) chamaram a atenção para o conceito do artefacto de Tecnologia da Informação (TI). De notável reconhecimento é o debate que foi suscitado pelo artigo escrito por Benbasat & Zmud (2003), no qual eles apontaram polémicamente que o núcleo da SI como disciplina, deveria ser o artefacto de TI. Embora a sua afirmação tenha suscitado um vivo debate sobre o núcleo da SI como disciplina, a sua relevância para este artigo é a sua conceptualização do artefacto de TI. Conceptualizam o artefacto TI como sendo: "A aplicação de TI para permitir ou apoiar alguma(s) tarefa(s) inserida(s) numa estrutura que se encontra(m) inserida(s) num contexto(s)". Aqui, a concepção de hardware/software do artefacto TI encapsula as estruturas, rotinas, normas e valores implícitos nos contextos ricos dentro dos quais o artefacto está incorporado" (Benbasat e Zmud, 2003, p. 186). Ao alinhar este conceito do artefacto TI no domínio das E-operações, a rede nomológica defendida por Benbasat & Zmud (2003) ajudou a fundamentar este estudo.

O Quénia, tal como muitos outros países em desenvolvimento, juntou-se à corrida de adopção de Eoperations no governo, mas depende em grande parte de projectos de tecnologias de informação das nações industrializadas (Kirlidog, 1996). Dependendo da tecnologia concebida e produzida nos países desenvolvidos é alegado que "traz" um preconceito cultural em favor dos sistemas sociais e culturais desses países desenvolvidos, o que pode criar obstáculos à obtenção de certos impactos previstos na prática (Hill et al, 1998). Orlikowski e Iacono (2001), embora salientando a necessidade da centralidade do artefacto de TI em SI, salientaram que os académicos no terreno não têm procurado profundamente o artefacto de TI como o tema central.

Patterson et al. (2003) também mostraram que os seguintes factores críticos de sucesso afectaram positivamente a adopção das TIC no SCM: dimensão organizacional; estrutura organizacional descentralizada; clima transaccional e pressão dos membros da cadeia de fornecimento, e incerteza ambiental. Kwon & Zmud (1987) também sugeriram que estes factores podem ser importantes em diferentes graus, dependendo do contexto ou da tecnologia. O Departamento de Serviços de Apoio integra e coordena actividades em todos os elos da cadeia de prestação de serviços em apoio às agências governamentais no mandato do Quénia. A missão do departamento é empregar as melhores práticas empresariais na prestação de serviços de apoio jurídico, de planeamento e de apoio operacional com uma boa relação custo-eficácia, pró-activos e oportunos para uma administração fiscal melhorada e eficaz e a sua visão é ser o principal prestador de serviços de apoio respeitado pelo profissionalismo, pragmatismo e adaptabilidade.

Orlikowski & Iacono (2001) definem o artefacto informático como feixes de propriedades materiais e culturais que são embalados de alguma forma socialmente reconhecível, que poderia ser sob a forma de hardware ou software. Ao mesmo tempo que os investigadores chidem sobre a necessidade de se concentrarem novamente neste domínio teorizado, Orlikowski & Iacono (2001) bem como Sein et al (2004) salientam claramente que qualquer artefacto baseado em TI é contextual, sugerindo assim que esta 'forma' de TI social e humanamente reconhecível difere, não só na sua essência mas também nos seus efeitos.

2.3.3 E-Reporting

Tradicionalmente, a recolha dos dados CES, MWR e outros registos de emprego tem sido feita por correio. O Centro EDI, contudo, pode facilitar a recolha destes dados, oferecendo relatórios electrónicos centralizados de dados. Isto reduz a carga para os empregadores, uma vez que estes podem gerar ficheiros electrónicos directamente do seu sistema de folhas de pagamento, eliminando a necessidade de transcrição manual, e podem enviar ficheiros abrangendo todos os seus locais para um único local

As operações electrónicas no governo são a utilização das tecnologias de informação para apoiar as operações governamentais, envolver os cidadãos, e fornecer serviços governamentais. Segundo Sharon (2002), as operações electrónicas no governo incorporam quatro elementos-chave, que reflectem as funções do próprio governo: que, quando combinados, criam um processo unificado: serviços electrónicos, comércio electrónico e gestão electrónica.

De acordo com Boyer et al, (2002) E-services é definido como um encontro de serviço é a aterragem inicial na página inicial até que o serviço solicitado tenha sido concluído ou até que o produto final tenha sido entregue e esteja apto a ser utilizado. Em suma, serviço electrónico é a entrega electrónica de informação, programas e serviços governamentais, frequentemente (mas não exclusivamente) através da Internet, bem como a prestação de serviços através da Internet. O termo "serviço" implica a satisfação de alguma necessidade pública e/ou o sistema ou operação através do qual as pessoas são fornecidas com algo de que necessitam. Os serviços electrónicos incluem frequentemente o comércio electrónico. O comércio electrónico é o segundo elemento das operações electrónicas no processo governamental. É definido como a troca electrónica de dinheiro por bens e serviços. Exemplos incluem os cidadãos que pagam impostos e facturas de serviços públicos, a renovação de registos de veículos e o pagamento de programas de recreio, bem como a compra de materiais pelo governo e o leilão on-line de equipamento excedentário.

Gabardi (2001) afirma que a democracia electrónica pode ser algo tão fácil como o acesso electrónico dos cidadãos à informação do Governo. A democracia electrónica também pode ser mais intrincada e envolver mais interacções entre os cidadãos e o governo, incluindo a votação electrónica. Daí que a Edemocracia seja definida como a utilização de comunicações electrónicas para aumentar a participação dos cidadãos no processo de tomada de decisões públicas. É também utilizada para melhorar os processos democráticos dentro de uma república democrática ou democracia representativa. Um exemplo deste processo é o registo electrónico de eleitores. Quatro modelos de democracia electrónica previstos por Kakabadse (2003) são: o modelo burocrático electrónico que o governo fornece informação publicada e descarregável e a capacidade de realizar transacções electronicamente para melhorar as funções governamentais e reduzir custos; o modelo de gestão da informação que é o melhor nível de interactividade entre cidadãos e governos, especialmente em termos de acesso à informação governamental e contacto com os funcionários; modelo populista que os cidadãos dão a conhecer as suas preferências sobre uma série de questões através de mecanismos como tais reuniões públicas; o modelo da sociedade civil pressupõe que as operações electrónicas no governo são transformadoras e que a utilização das TIC, especialmente a Internet, transformará a cultura política e reforçará as ligações entre cidadãos e promoverá um site robusto e autónomo para o debate público, o que, por sua vez, reforçará a democracia. Todos os elementos acima referidos requerem processos e procedimentos electrónicos bem articulados para facilitar a comunicação aos intervenientes relevantes.

2.3.4 Gestão

A gestão nas empresas e organizações é a função que coordena os esforços das pessoas para alcançar metas e objectivos utilizando os recursos disponíveis de forma eficiente e eficaz. A gestão compreende o planeamento, organização, pessoal, liderança ou direcção, e controlo de uma organização ou iniciativa para atingir os objectivos pretendidos.

Uma inovação pode referir-se a algo totalmente novo na sociedade ou a uma invenção (Mclean, M. e Jelassi, T.2003 ou algo dentro de um contexto particular, mas não novo *em si mesmo* (Vidgen e McMaster, 1996). Além disso, as origens conceptuais das operações electrónicas no governo encontram-se fora do continente africano, e mais especificamente nas nações ocidentais e outras organizações doadoras (Mclean e Jelassi, 2003).

Quando as operações electrónicas no governo são exportadas das nações ocidentais para países africanos (Heeks, 2002), espera-se que atinjam certos objectivos que, se realizados, resultam em certos impactos nestes governos. A transferência de tecnologia é considerada como um processo orientado para objectivos destinados a melhorar as capacidades tecnológicas das organizações ou países beneficiários (Autio e Laamanen, 1995). Kumar et al (2007) postulam que os projectos de transferência de tecnologia em larga escala patrocinados pelo Estado visam o desenvolvimento de capacidades tecnológicas indígenas e a consecução de objectivos socioeconómicos mais amplos. As operações electrónicas no governo, conceptualizadas a vários níveis de governo, podem ser consideradas como uma iniciativa de larga escala destinada a atingir certos objectivos (impactos) que são previstos em vários documentos políticos. A proposta de que os impactos das E-operações no governo influenciam a sua conceptualização nos países em desenvolvimento, encontra justificação na literatura sobre transferência de tecnologia.

A embalagem das operações electrónicas no governo assume certos impactos esperados antes de ser negociada e transferida para os países destinatários. Estes impactos determinam que componentes tecnológicos físicos e informativos são transferidos (Kumar et al, 2007. A adopção bem sucedida de E-operações no governo resulta no cumprimento de certos objectivos de desempenho, a curto, médio e longo prazo. A base da alegação é, portanto, que os impactos esperados das E-operações no governo são conhecidos como *uma* prioridade para a transferência e assimilação das suas tecnologias nos países em desenvolvimento. A transferência de E-operações no governo, como um processo orientado para objectivos, prevê que as nações em desenvolvimento possam alcançar uma melhor governação e outros impactos socioeconómicos a partir da sua adopção. O processo de transferência e a execução da estratégia de organização através de planos, processos e procedimentos requerem uma equipa competente para realizar as metas e objectivos da organização de forma eficaz e eficiente.

2.4 Revisão Empírica

Gilbert e Balestrini (2004) propuseram e testaram um modelo que combina abordagens baseadas na atitude e na qualidade do serviço. O estudo de Warkentin et al. (2002) propõe a percepção de risco, controlo comportamental, utilidade e facilidade de utilização. Define o risco percepcionado como o medo de perder informação pessoal e o medo de ser monitorizado na Internet. É determinado pelo modelo conceptual proposto que se um indivíduo tivesse controlo sobre a forma como a informação pessoal vai ser utilizada, e o controlo de como e quando a informação pode ser adquirida, a adopção de operações electrónicas no governo poderia ser possível. Neste modelo, havia também a distância de poder, que é a distância entre as castas superior e inferior da sociedade, que afirma que os cidadãos dos países com maior distância de poder são mais propensos a adoptar operações electrónicas no governo do que os dos países com menor distância de poder. O outro modelo de Gilbert e Balestrini (2004) reúne abordagens baseadas na atitude e na qualidade de serviço. O modelo delineia a vontade de utilizar as operações electrónicas nos serviços governamentais incorporando a percepção (confidencialidade, facilidade de utilização, segurança, fiabilidade, apelo visual e prazer) e os benefícios relativos percebidos.

Estudos anteriores enfatizaram a navegabilidade e estética do website (Coleman, 2006), personalização e personalização (Mclean e Jelassi, T.2003) e programas de fidelidade (Kumar et al., 2006) como estratégias chave para atrair indivíduos a visitar um website, que, no contexto desta discussão são as operações electrónicas em portais governamentais. Ao propor critérios de adopção de e-operações no governo, Warkentin et al. (2002) propuseram um modelo conceptual com a confiança dos cidadãos como o catalisador subjacente para as e-operações na adopção governamental.

Há três aspectos neste modelo: primeiro, a difusão da teoria da inovação que procurou compreender o processo através do qual inovações como a Internet são difundidas na sociedade; segundo, o Modelo de Aceitação de Tecnologia (TAM) que tem raízes na teoria dos Sistemas de Informação mostrando como os utilizadores aceitam e utilizam uma nova tecnologia, por exemplo, a Internet; e a abordagem baseada na Qualidade dos Serviços (SQB) que procurou compreender os antecedentes que afectam o comportamento dos utilizadores. Warkentin et al. (2002) descreveram a adopção como a intenção dos cidadãos de se envolverem em operações electrónicas no governo para receberem informações e solicitarem serviços ao governo. Gilbert e Balestrini (2004) medem-no como a vontade de utilizar as operações electrónicas nos serviços governamentais enquanto Carter e Belanger (2005) medem-no como a intenção de utilizar as operações electrónicas nos serviços governamentais. O modelo proposto neste documento visa fazer uma extensão do modelo conceptual proposto por Kumar et al. (2007). Nesse documento, o modelo foi baseado na crença de que as eoperações na adopção governamental são largamente moldadas pela medida em que o governo pode proporcionar uma experiência rica, envolvente e sem complicações, que é fiável e pode proporcionar níveis mais elevados de satisfação. O modelo de Kumar et al. (2007) menciona que para uma adopção governamental eficaz das operações electrónicas, os diferentes atributos a serem satisfeitos são os seguintes Características do utilizador (risco percebido, controlo percebido), concepção do website (utilidade percebida, facilidade de utilização percebida (usabilidade); qualidade do serviço; e satisfação do cliente.

2.5 Resumo da Revisão da Literatura
A utilização de novas inovações TIC oferece aos governos a todos os níveis uma grande oportunidade de melhorar a prestação dos seus serviços e de interagir de forma mais eficiente e eficaz com os seus cidadãos. Os utilizadores destes serviços estão habituados à resposta rápida do serviço prestado pelo sector privado na entrega de serviços electrónicos. por exemplo, para cortar custos, reduzir atrasos e descongestionar o porto.

Consequentemente, esperam o mesmo nível de resposta do seu governo, Hazlett and Hill, (2003). Como resultado disto, os cidadãos e as empresas exigem uma prestação de serviços mais eficiente e eficaz, bem como uma melhoria na qualidade da informação recebida, Ongora (2004). Muitas iniciativas TIC iniciadas pelos governos falham porque são mal geridas e porque as agências actuam de forma demasiado autónoma umas das outras para desenvolver uma prestação de serviços electrónicos funcional McAfee, A. (2002), por exemplo Agências governamentais No Quénia, as operações no porto podem ser integradas com as operações da KPA para acelerar as operações e aumentar a eficiência e eficácia da prestação de serviços.

CHAPTER 3:   EE: METODOLOGIA DE INVESTIGAÇÃO

3.1 Introdução

Este capítulo cobre em pormenor a metodologia de investigação que foi utilizada no estudo. Este foi orientado pelos objectivos do estudo. Discutiu a concepção da investigação, especialmente no que diz respeito à escolha do desenho. Discutiu também a população do estudo, amostra do estudo, procedimento de recolha e análise dos dados e apresentação dos dados. A descrição detalhada do procedimento de investigação foi importante para que, se outro investigador a seguir, conseguisse chegar a conclusões semelhantes sem dificuldades.

3.2 Desenho de investigação

O estudo adoptou um desenho descritivo de Investigação, que assegurou a facilidade de compreensão da percepção e das ideias sobre o problema. O seu objectivo era investigar quatro objectivos e testar hipóteses formuladas a partir da revisão da literatura. Segundo Creswell (2003), os desenhos descritivos de Investigação são utilizados em estudos preliminares e exploratórios, para permitir aos investigadores recolher informações, resumir, apresentar dados, e interpretá-los para efeitos de esclarecimento.

3.3 Recolha de dados

Esta investigação utilizou tanto dados primários como secundários. Os dados secundários foram obtidos de agências governamentais nos sistemas de informação do Quénia. Os dados primários foram recolhidos através de questionários semi-estruturados. O questionário foi o método de recolha de dados mais apropriado para este estudo, uma vez que permitiu o acesso a grandes conjuntos de dados e a utilização de técnicas estatísticas avançadas (Saunders et al., 2009). Estes foram administrados pelo investigador a gestores de topo, bem como a outro pessoal de quadros. Isto foi permitido para perguntas de sondagem a serem feitas para obter informações detalhadas. A primeira parte do questionário tentou recolher dados sobre as operações electrónicas que as agências governamentais no Quénia empregam. A segunda parte recolheu informação para estabelecer a ligação entre os benefícios que resultam da adopção de eoperações por agências governamentais no Quénia, tanto os dados primários como secundários, foram utilizados para comparar o desempenho das agências governamentais no Quénia antes da adopção de eoperações e respectivos desafios. Isto foi feito utilizando o método drop and pick para a amostra de 10% 175 respondentes de 1750 funcionários de agências governamentais no Quénia.

3.4 População e Amostragem

O estudo foi realizado em todas as agências governamentais e mais especificamente naquelas que adoptaram operações electrónicas. De acordo com Ngechu (2004), uma população é uma população bem definida ou um conjunto de pessoas, serviços, elementos, eventos, grupo de coisas ou agregados familiares que estão a ser investigados. A definição assegurou que a população de interesse era homogénea. E por população, o investigador significa o censo completo dos quadros de amostragem. Segundo (Kothari, 2008) Um plano de amostragem descreve como a unidade de amostragem, a moldura de amostragem, os procedimentos de amostragem e o tamanho da amostra para o estudo. A base de amostragem descreve a lista de todas as unidades populacionais a partir das quais a amostra foi seleccionada (Cooper & Schindler, 2003). A amostra de respondentes foi retirada de gestores de topo, bem como de outro pessoal. Dados primários

foi recolhido através de questionários semi-estruturados. Kerlinger (2006) indica que uma amostra de 10% da população alvo é suficientemente grande desde que permita uma análise de dados fiável e permita testar a significância das diferenças entre as estimativas. A dimensão da amostra depende do que se quer saber, do objectivo do inquérito, do que está em jogo, do que foi útil, do que teve credibilidade e do que pode ser feito com o tempo e os recursos disponíveis (Paton, 2002).

3.5 **Análise de dados**

Os dados dos questionários e o calendário das entrevistas foram codificados e a resposta sobre cada item foi colocada em temas principais específicos. Os dados obtidos a partir dos instrumentos de investigação foram analisados através da utilização de estatísticas descritivas (frequências e percentagens) e de estatísticas inferenciais. A estatística descritiva sob a forma de frequências, meios e desvios padrão foi utilizada para analisar os dados obtidos a partir do calendário de observações (resultados de pré-testes e pós-testes). A análise regressiva foi utilizada neste estudo. A análise de regressão é um processo estatístico de estimar a relação entre as variáveis. A análise foi feita utilizando o programa informático SPSS.

A relação entre a variável é apresentada abaixo.

A equação de desempenho foi expressa na seguinte equação:

3.6   Po+ Bi X i+ p 2 X 2+ p 3 X 3+ p 4 X 4 + s, Onde,

Y = Desempenho Organizacional entre Agências Governamentais

p0 = constante (coeficiente de intercepção)

Xi = Qualidade de Serviço

X2 = Sistemas de Informação

X3 = E-Reporting

X4 = Gestão

P 1... p 4 = coeficiente de regressão de quatro variáveis.

CHAPTER 4:   R: ANÁLISE E INTERPRETAÇÃO DE DADOS

4.1 Introdução

Este capítulo apresenta a análise e os resultados do estudo, tal como estabelecido na metodologia de investigação. Os resultados do estudo são apresentados para analisar a relação entre as operações electrónicas e o desempenho organizacional das agências governamentais no Quénia. Os dados foram recolhidos exclusivamente a partir do questionário como instrumento de investigação. O questionário foi concebido de acordo com os objectivos do estudo.

4.2 Análise de dados

O estudo visou uma amostra de 175 inquiridos na recolha de dados sobre a relação entre operações electrónicas e desempenho organizacional para agências governamentais no Quénia. Do estudo, 123 dos 175 inquiridos da amostra preencheram e devolveram o questionário, contribuindo para 70,0%. Esta louvável taxa de resposta foi tornada realidade depois de o investigador ter feito visitas pessoais para lembrar o inquirido de preencher e devolver os questionários.

Quadro 4. 1: Taxa de resposta

Resposta	Frequência	Percentagem
Respondido	123	70.0
Não respondeu	52	30.0
Total	175	100.0

Fonte: Dados de Investigação (2014)

4.2.1 Género dos Respondentes

Quanto ao sexo dos inquiridos, o estudo descobriu que havia mais homens do que mulheres, tal como demonstrado por 78% dos inquiridos, 22%. Isto está descrito no quadro e na figura abaixo.

Quadro 4. 2: Composição de género

Género	Frequência	Porcentagem
Sexo masculino	96	78
Feminino	27	22
Total	123	100

Fonte: Dados de Investigação (2014)

4.2.2 Anos na Posição Actual

Foi também solicitado aos inquiridos que indicassem o número de anos que tinham trabalhado na Posição Actual. De acordo com os resultados do estudo, a maioria dos inquiridos, tal como demonstrado por 53%, informou ter estado na posição actual durante 0 a 2 anos, 30% dos inquiridos tinham estado na posição actual durante um período entre 2 a 5 anos, 17% dos inquiridos tinham estado na posição actual durante mais de 5 anos.

Quadro 4. 3: Número de anos na posição actual

FrequencyPercent

0 -- 2 anos	65	53
2 - 5 anos	37	30
Mais de 5 anos	21	17
Total	123	100

Fonte: Dados de Investigação (2014)

4.2.2 Tabela de idades dos inquiridos

O estudo também procurou estabelecer a faixa etária dos inquiridos. Dos resultados, a maioria dos inquiridos tinha entre 26 e 35 anos, como demonstrado por 59%, 28% tinham entre 20 e 25 anos, 13% dos inquiridos tinham mais de 35 anos.

Quadro 4. 4: Distribuição etária

Parênteses etários	Frequência	Porcentagem
20 - 25 anos	34	28
26 - 35 anos	73	59
Acima de 35 anos	16	13
Total	**123**	**100**

Fonte: Dados de Investigação (2014)

4.2.3 Nível de educação dos inquiridos

O estudo concluiu que a maioria dos inquiridos 56% eram licenciados, 34% dos inquiridos eram pós-licenciados, enquanto 10% dos inquiridos relataram que tinham diploma como o seu nível mais elevado de educação.

Quadro 4. 5: Nível de educação

Nível de educação	Frequência	Porcentagem
Diploma	12	10
Licenciatura	69	56
Pós-graduado	42	34
Total	123	100

Fonte: Dados de Investigação (2014)

4.3 Extensão da Qualidade de Serviço
4.3.1 Adopção das TIC nas operações

Sobre a medida em que os departamentos adoptaram os avanços das TIC nas operações, o estudo descobriu que a conectividade dos ramos foi levada a cabo numa medida moderada, como demonstrado por uma pontuação média de 2,5738, SMS(Text Messages) foi levada a cabo numa medida moderada, como demonstrado por uma pontuação média de 2.7705, Mobile banking/payments(Mpesa/Zap) foi realizado numa extensão moderada, como mostra a pontuação média de 2,8689, bem como a compreensão da prestação de serviços foi realizada numa extensão moderada, como mostra a pontuação média de 2,9672, enquanto que Document Imaging foi realizada numa extensão moderada, como mostra a pontuação média de 1,5410

Quadro 4. 6: Adopção das TIC nas operações

Actividades	Média	Std Dev.
SMS(Mensagens de Texto)	2.7705	1.58528
compreensão da prestação de serviços	2.9672	1.77921
Banca móvel/pagamentos(Mpesa/Zap)	2.8689	1.57560
conectividade do ramo	2.5738	1.45441
Imagem de documentos	1.5410	2.77833

Fonte: Dados de Investigação (2014)

4.3.3 Extensão das Declarações sobre Barreiras à Qualidade de Serviço nos Departamentos

Quadro 4. 7: Barreira à Qualidade de Serviço nos Departamentos

	Média	Std Dev.
Questões de Segurança	3.48	1.47
Apoio à gestão de topo	4.29	0.89
O medo da gestão da tecnologia	4.00	1.04
Nível de alfabetização dos clientes	4.64	0.85
Sensibilização dos clientes	4.21	0.92
Integração de sistemas de informação	3.85	1.23
Falta de competências por parte do pessoal de TI.	3.60	1.35

Fonte: Dados de Investigação (2014)

A partir do estudo, a extensão da barreira à qualidade do serviço pelos respectivos factores é demonstrada pelos respectivos meios e desvios padrão. A partir do quadro, o nível de alfabetização dos clientes é a maior barreira à qualidade do serviço, enquanto que as questões de segurança dão as menores medidas quanto à extensão da barreira à qualidade do serviço, ou seja, as questões de segurança dificultam menos a qualidade do serviço. A média varia de medidas altas a baixas com desvios mínimos.

4.3.4: Sistemas de Informação

Quadro 4. 8: Extensão da utilização da tecnologia nos seguintes aspectos da gestão do risco

	Média	Std Dev.
Análise de risco	4.17	0.93
Controlo de risco	4.48	0.92
Controlo dos riscos	4.45	0.94
Estimativa de risco e risco avaliação (avaliação)	4.23	0.95
Minimizar o seu impacto, abordando a probabilidade e o impacto directo	4.20	0.83

Fonte: Dados de Investigação (2014)

Da tabela, a tecnologia é o instrumento mais utilizado para controlar o risco com as medidas mais elevadas (média e desvio padrão), embora a tecnologia também desempenhe um papel quase ao mesmo nível ao afectar outros aspectos de risco, é altamente importante no controlo do risco. A média é elevada com baixo desvio-padrão.

4.3.5 E-Reporting

Quadro 4. 9:Extensão a efeito moderado do desempenho no E-Reporting no departamento

FactorsMean Std Dev.		
Dinamismo ambiental	2.26	1.42
Orientação externa	3.10	1.16
Integração tecnológica na estratégia de uma empresa gestão	3.50	1.35
Compromisso da gestão de topo com a tecnologia	4.36	1.10
Experiência anterior firme com a tecnologia	2.26	1.42
Satisfação do utilizador com os sistemas	3.10	1.16

Fonte: Dados de Investigação (2014)

A média varia de alta a baixa com desvios padrão relativos. O compromisso da gestão de topo com a tecnologia classificada altamente como o efeito da comunicação electrónica no desempenho. O resto dos factores medem moderadamente ou em baixa medida.

4.3.6 Gestão Organizacional

Quadro 4. 10: Efeito da gestão no desempenho organizacional

	Média	Std Dev.
Melhoria da gestão de risco	4.26	1.42
Aceleração da transferência e processamento da informação	3.10	1.16
Melhoria da qualidade (pontualidade, precisão, acessibilidade) de informação	3.50	1.35
Melhoria da gestão do capital humano	4.36	1.10
Melhoria da ligação e administração das regiões	4.26	1.42

Fonte: Dados de Investigação (2014)

A média varia de alta a moderada com desvio-padrão relativo. Assim, a gestão organizacional é um aspecto grande e crítico no desempenho.

4.4. Análise de Regressão

O investigador efectuou uma análise de regressão múltipla. Isto foi feito para testar a relação entre as variáveis (independentes) sobre a relação entre as operações electrónicas e o desempenho organizacional entre as agências governamentais. O pacote estatístico para as ciências sociais (SPSS) foi aplicado para codificar, introduzir e calcular as medidas das regressões múltiplas para o estudo.

Quadro 4.11: Resumo do modelo

Modelo	R	Praça R	Praça Ajustada	R Std. Erro do Estimativa
1	.796(a)	.893	.591	.42945

Fonte: Dados de Investigação (2014)

O coeficiente de determinação explica até que ponto as mudanças na variável dependente podem ser explicadas pela mudança nas variáveis independentes ou pela percentagem de variação na variável dependente (E-operação) que é explicada pelas quatro variáveis independentes (E-reporting, sistema de informação, qualidade de serviço, gestão organizacional). Formam a tabela, os coeficientes de determinação 89,3%.

Tabela 4.12: ANOVA (b)

Modelo	Soma de Praças	Df	Quadrado médio	F	Sig.
1	Regressão	36.739	3	12.913	13.948	.000(a)
	Residual	20.461	32	.864		
	Total	57.200	23			

Fonte: Dados de Investigação (2014)

O valor de significância é de 0,000, o que é inferior a 0,05. F crítico ao nível de 5% de significância foi 2,32. F calculado é maior que F crítico (valor=13,948)

Quadro 4.13: Coeficientes (a)

Modelo	Não estandardizado Coeficientes			Padronizar d Coeficientes	t	Sig.
		B	Erro Std.	Beta		
1	(Constante)	.423	.369		.290	.004
	Qualidade de serviço	.453	.148	.757	5.869	.001
	Sistema de informação	.205	.123	.115	.935	.003
	E-reporting	.295	.138	.092	.688	.002
	Gestão organizacional	.258	.131	.087	.674	.002

b) Variável Dependente: **Fonte** E-operations: **Dados de Investigação (2014)**

CAPÍTULO CINCO: RESUMO DOS RESULTADOS CONCLUSÕES E RECOMENDAÇÕES

5.1 Introdução

Este capítulo fornece o resumo dos resultados do capítulo quatro, e também apresenta as conclusões e recomendações do estudo com base nos objectivos do estudo.

5.2 Resumo das conclusões

O objectivo geral deste estudo era estabelecer a relação entre as operações electrónicas e o desempenho organizacional entre as agências governamentais. O investigador utilizou dados primários obtidos através de questionários auto-administrados com perguntas fechadas e abertas. Os resultados do estudo revelaram que a qualidade do serviço era um aspecto chave que oferecia um serviço diferenciado e ajudava a construir uma vantagem competitiva para a organização. O estudo discute o significado destes resultados com exemplos particulares a partir de transcrições das entrevistas.

O estudo procurou estabelecer o grau de concordância com a declaração de barreira à qualidade do serviço no departamento dos inquiridos. A partir do estudo, a maioria dos inquiridos concordou em grande medida que o nível de alfabetização dos clientes é uma barreira à qualidade do serviço no departamento, como demonstrado por uma média de 4,64 e um desvio padrão de 0,85. Os inquiridos concordaram ainda em grande medida; que a falta de apoio da gestão de topo era uma barreira à qualidade do serviço nos seus departamentos, como demonstrado por uma média de 4,29 e um desvio padrão de 0,89, que o medo da gestão da tecnologia era também uma barreira à qualidade do serviço nos seus departamentos, como demonstrado por uma média de 4,00 e um desvio padrão de 1,04, que a falta de integração dos sistemas de informação era uma barreira à qualidade do serviço nos seus departamentos, como demonstrado por uma média moderada de 3.85 e um desvio padrão de 1,23; que a falta de competências do pessoal de TI era uma barreira à qualidade do serviço, como demonstrado por uma média de 3,60 e um desvio padrão de 1,35 e, finalmente, o inquirido concordou em grau moderado que as questões de segurança eram uma barreira à qualidade do serviço nos seus departamentos, como demonstrado por uma média de 3,48 e um desvio padrão de 1,47. Segundo Akesson e Edvardsson (2010), o estudo revelou cinco dimensões de mudança na concepção dos serviços devido à introdução de operações electrónicas no governo (encontro e processo de serviço; clientes como co-criadores e únicos produtores de serviços; eficiência; maior complexidade; e integração).

Quanto ao grau de utilização da tecnologia em aspectos da gestão do risco, a maioria dos inquiridos concordou em grande medida que a tecnologia era utilizada no controlo do risco na gestão do risco, como demonstrado por uma média de 4,8; que a tecnologia era utilizada na monitorização do risco como aspecto da gestão do risco em grande medida, como demonstrado por uma média de 4,45; Além disso, o inquirido concordou em grande medida que a tecnologia era utilizada na estimativa e avaliação do risco como aspecto da gestão do risco, como demonstrado por uma média de 4,8.23;Essa tecnologia foi utilizada na Minimização do seu impacto, abordando a probabilidade e o impacto directo como um aspecto da gestão do risco em grande medida, tal como demonstrado por uma média de 4,20 e, finalmente, o inquirido no departamento concordou em moderar a utilização da tecnologia na análise do risco como um aspecto da gestão do risco, tal como demonstrado por uma média de 4,17 no quadro acima.

O estudo procurou ainda estabelecer o grau de concordância com declarações relacionadas com o efeito do E-reporting no departamento. A partir do estudo, a maioria dos inquiridos concordou em grande medida que o compromisso da gestão de topo com a tecnologia afectou o desempenho no E-reporting, como demonstrado por uma média de 4,36 e um desvio padrão de 1,10; que a integração da tecnologia na gestão estratégica de uma empresa afectou o E-reporting em grande medida por uma média de 3.5;que a satisfação dos utilizadores com os sistemas e a orientação externa afectou o desempenho do E-reporting no departamento numa medida moderada, como demonstrado por uma média de 3,10 e finalmente o dinamismo ambiental e a experiência anterior da empresa com a tecnologia afectou o desempenho do E-reporting no departamento numa medida reduzida, como demonstrado por uma média de 2,26 respectivamente na tabela acima. As conclusões referem-se às de Jones *et al.* (2009) no seu trabalho menciona que as operações electrónicas no governo nos próximos anos irão transformar tanto a forma como os serviços públicos são prestados como a relação fundamental entre os governos, a comunidade e os cidadãos.

Ao nível do acordo com declarações sobre o efeito da gestão no desempenho organizacional, a maioria dos inquiridos concordaram em grande medida que a melhoria da gestão do capital humano afectou o desempenho da organização numa pontuação média de 4,36, a melhoria da qualidade (actualidade, exactidão, acessibilidade) da informação afectou o desempenho organizacional numa pontuação média de 3.50; que a aceleração da transferência e processamento de informação afectou o desempenho organizacional de forma moderada por uma média de 3,10; o inquirido concordou ainda que tanto a Melhoria da Gestão de Risco como a Melhoria da Ligação e Administração das Regiões afectaram o desempenho da organização em grande medida, como demonstrado por uma média de 4,26, respectivamente. .
As quatro variáveis independentes que foram estudadas, explicam apenas 89,3% sobre a relação entre e-operação e desempenho organizacional entre agências governamentais como representado pelo R^2 . Isto significa que outros factores não estudados nesta pesquisa contribuem com 10,7% sobre a relação entre e-operação e

desempenho organizacional entre agências governamentais. Por conseguinte, devem ser realizadas mais investigações para investigar os outros factores (10,7%).

O valor de significância é de 0,000, o que é menos de 0,05, pelo que o modelo é estatisticamente significativo na previsão de como os relatórios electrónicos, o sistema de informação, a qualidade do serviço e a gestão organizacional afectam o desempenho da organização. O F crítico ao nível de 5% de significância foi 2,32. Uma vez que F calculado é maior que F crítico (valor = 13,948), isto mostra que o modelo global foi significativo.

De acordo com a equação de regressão estabelecida, tendo em conta todos os factores (qualidade de serviço, sistema de informação, E-reporting, gestão organizacional) constantes a zero, Eoperation será de 0,423. Os resultados dos dados analisados também mostraram que tomando todas as outras variáveis independentes a zero, um aumento unitário na qualidade do serviço levará a um aumento de 0,453 no E-operation; um aumento unitário no sistema de informação levará a um aumento de 0,205 no Eoperation; um aumento unitário no E-reporting levará a um aumento de 0,295 no E-operation; um aumento unitário na gestão organizacional levará a um aumento de 0,258 no E-operation. Isto infere que a qualidade do serviço contribui mais para a E-operação, seguida do E-reporting. Com 5% de significância e 95% de confiança, a qualidade do serviço teve um nível 0,001 de significância; o sistema de informação mostrou um nível 0,003 de significância, o E-reporting mostrou um nível 0,002 de significância, a gestão organizacional mostrou um nível 0,02 de significância, portanto o factor mais significativo foi a qualidade do serviço.

Sobre o sistema de informação, o estudo revelou que o Quénia, tal como muitos outros países em desenvolvimento, aderiu à corrida de adopção das E-operações no governo, mas depende em grande medida de projectos de tecnologias de informação das nações industrializadas. O artefacto baseado em TI é contextual, sugerindo assim que esta 'forma' de TI social e humanamente reconhecível difere, não só na sua essência mas também nos seus efeitos. As operações electrónicas no governo oferecem muitas oportunidades para melhorar a qualidade do serviço aos cidadãos. O estudo também descobriu que a gestão desempenhou um papel crítico no desempenho da organização. A melhoria da gestão do risco e a melhoria da ligação e administração das regiões afectaram o desempenho da organização.

5.3 Conclusões

Com base nos resultados acima referidos, o estudo conclui que a tecnologia foi utilizada em grande medida em vários departamentos que incluem: Análise de risco, controlo do risco, monitorização e avaliação do risco. Sugerir que a qualidade do serviço é um aspecto chave que diferencia as ofertas de serviço e ajuda a construir uma vantagem competitiva. O sucesso comercial pode ser simplesmente a medida em que a sua organização pode produzir um produto ou serviço de maior qualidade do que os seus concorrentes são capazes de fazer a um preço competitivo. Quando a qualidade é a chave do sucesso de uma empresa, os sistemas de gestão de qualidade permitem às organizações manter-se a par e satisfazer os actuais níveis de qualidade, satisfazer os requisitos de qualidade do consumidor, reter empregados através de programas de remuneração competitivos, e manter-se a par da mais recente tecnologia. Um sistema de gestão da qualidade é uma técnica de gestão utilizada para comunicar aos empregados o que é necessário para produzir a qualidade desejada dos produtos e serviços e para influenciar as acções dos empregados para completar tarefas de acordo com as especificações de qualidade.

O estudo conclui ainda que factores críticos de sucesso afectaram positivamente a adopção das TIC no SCM: dimensão organizacional; estrutura organizacional descentralizada; clima transaccional e pressão dos membros da cadeia de fornecimento, e incerteza ambiental. A missão do departamento é empregar as melhores práticas empresariais na prestação de serviços de apoio jurídico, de planeamento e de apoio operacional, com foco no cliente, com uma boa relação custo-eficácia, proactivos e oportunos, para uma administração fiscal melhorada e eficaz, e a sua visão é ser o principal fornecedor de serviços de apoio respeitado pelo profissionalismo, pragmatismo e adaptabilidade. Do estudo, o investigador também conclui que, a falta de apoio da gestão de topo, o medo da gestão da tecnologia, as questões de segurança, o nível de alfabetização dos clientes e a falta de competência do pessoal de TI foi uma barreira à qualidade do serviço no departamento.

5.4 Recomendações

O estudo recomenda que as agências governamentais adoptem operações electrónicas nos vários departamentos a fim de aumentar a eficiência do trabalho. O estudo também recomenda, uma vez que a falta de apoio da gestão de topo, questões de segurança, nível de alfabetização dos clientes, medo da gestão da tecnologia e falta de competências do pessoal de TI são barreiras à qualidade do serviço, devem ser tomadas medidas para resolver estas questões através de formação, apoio da gestão, contratação de pessoal de segurança de modo a alcançar o desempenho organizacional.

5.5 Sugestões para Investigação Adicional

Um estudo semelhante poderia ser realizado em organizações para ver se os mesmos resultados também são válidos, testando as variáveis deste estudo sobre outras organizações que praticam a E-operação. Um estudo semelhante deverá também ser realizado, no qual a recolha de dados se baseie em dados primários, ou seja, questionários e guias de entrevista aprofundados, de modo a complementar este estudo. Devido às deficiências dos modelos de regressão, outros modelos podem ser utilizados para explicar as várias relações entre e-operação e desempenho organizacional.

REFERÊNCIAS

Ahmed, (1998). A Crise de Identidade dentro da Disciplina IS: Definição e Comunicação das Propriedades Fundamentais da Disciplina. *MIS Quarterly* (27)2, Junho pp.183-194.

Ajzen e Fishbein's (1980). Medição e avaliação da transferência de tecnologia: revisão dos mecanismos e indicadores de transferência de tecnologia. *International Journal of Technology Management*, 10(7/8), 663-664

Ard L. (199Bouch3). Critérios de Decisão na Adopção do EDI. Nos Anais do *14ª Conferência Internacional sobre Sistemas de Informação*, Florida, pp. 365-376.

Boyer,K.K.,Halowell,R.,Ruth,A.V (2002) "e- service and method for analyzing operational benefits",*journal of operations management* Vol.20 pp175-99

Coleman S. (2006) *African e-Governance - Opportunities and Challenges*, University of Oxfordhi, Oxford University Press

Creswell (2002). Kenyan Economy", *Um estudo do Kenya Institute for Public Policy Research and Analysis (KIPPRA) em nome do Ministério do Comércio e Indústria*, Nairobi.

5.6　tin, G.G., Sommer, M.H. e VisSommer, V. (2003). Introdução. Em Curtin, G.G., Sommers, M.H. e VisSommer, V. (eds). *O Mundo das E-Operações no Governo*. Nova Iorque: The Haworth Political Press, 1-16.

G. D. Garson, (2004). Um quadro abrangente para a avaliação das operações electrónicas em projectos governamentais. *Government Information Quarterly*, 25, 118-132.

Gall, et al, (2003). Política Nacional de TIC. *Publicações do Governo do Quénia*, Disponíveis

Online em: www.information.go.ke

Gilbert, D. e Balestrini, P. (2004). Barriers and Benefits in the Adoption of e-operations in government, *The International Journal of Public Sector Management*, 17, 4, 286301.

GOK-EGS, (2004). E-operações na estratégia governamental: O Quadro Estratégico,

Estrutura Administrativa, Requisitos de Formação e Quadro de Normalização. *Publicações do Governo do Quénia*, Disponível Online em: www.e-operations in government.go.ke (12/7/2005)

GOK-ERS, (2004). *Economic Recovery Strategy for Wealth and Employment Creation, 2003-2007*, Government Printers, 2003.

GOK-FIP, (2007). Política de Liberdade de Informação. *Publicações do Governo do Quénia*, disponíveis online em: www.information.go.ke

Grant, R.M. (1991), "*The resource-based theory of competitive advantage*", California Management Review, Vol. 33 No.3, pp.114-35.

Gronlund, A. (2005). State of the Art in E-operations in Government Research: Publicações da Conferência de Investigação. *International Journal of Electronic Government Research*, 1(4).

Harvey, M. (2000). "Innovation and competition in UK supermarkets", Supply Chain Management: *Um Jornal Internacional*, 5(1)15-21.

Hazlett S.A e Hill F.(2003). *E-operations in government: the realities of using IT to transform the Public Sector Managing Service Quality* Vol. 13 No.6, pp 445-452

Heeks, R. (2003). Achieving Success/Avoiding Failure in e-operations in Government *Projects, IDPM, Univ. de Manchester*
http://www.egov4dev.org/success/sfdefinitions.shtml.

Heeks, R., (2003). *Reinventando o governo na era da informação: Prática internacional na reforma do sector público com base em TI.* Londres e Nova Iorque: Routledge.

Heeks, R.B. (2002). Taxas de sucesso e fracasso do eGovernment nos países em desenvolvimento. *Documento de trabalho*, IDPM, Universidade de Manchester, 2002, Disponível Online em http://www.egov4dev.org(12/4/2005)

Kakabadse et al (2003), *reinventando o projecto de governação democrática através das TI?Uma agenda crescente para o debate* .Public administration Review. 63(1): 44-60

Kerby,R. (2005), ' *e-operações no governo*: dar valor aos cidadãos .

Kerlinger (2006). *modelos contemporâneos de democracia.* Polity Vol.33(4) pp 547-

KIPPRA. 2004a. "*Tax Compliance Study*", Tax Policy Unit, Macroeconomics Division, Kenya Institute of Public Policy Research and Analysis, Nairobi.

KIPPRA. 2004b. "*Tax Reform Experience and the Reform Agenda for Kenya*", Policy Brief No 3, Kenya Institute of Public Policy Research and Analysis, Nairobi.

KIPPRA. 2005. "*Avaliação do Impacto Potencial dos Acordos de Parceria Económica*

Kiringai. J, Njuguna. N e S. Karingi. 2002. "*Imposto sobre o Tabaco no Quénia: An Appraisal*", Discussion Paper No. 21, KIPPRA, Nairobi.

Kirlidog, M. (1996). Transferência de tecnologias de informação para um país em desenvolvimento: sistemas de informação executiva na Turquia. *Information Technology & People*, 9(3): 55-84

Agências governamentais no Quénia. 2004. *Staff Quarterly Newsletter*, Agências Governamentais no Quénia, Edição No 22, Dezembro de 2004

Kumar, V., Kumar, U., & Persuad, A. (1999). Construir capacidade tecnológica através da tecnologia de importação: O caso da indústria transformadora indonésia. *Journal of Technology Transfer*, 24, 81-96

Kumar, V., Kumar, U., Dutta, S., Fantazy, K. (2008). Projectos de transferência de tecnologia em larga escala patrocinados pelo Estado num contexto de país em desenvolvimento. *Journal of Technology Transfer*, 32, 629-644

Kumar, V., Mukerji, B., Irfan, B. e Ajax, P. (2007) Factores para o Sucesso das Operações Electrónicas na Adopção pelo Governo: A Conceptual Framework, *The Electronic Journal of eoperations in government*, 5, 1, 63-77

Ladner, R., Petry, F., McGreedy, F., (2008), "e-operations in government Capabilities for the 21st Century", *International Journal of Electronic Government Research*, Volume 4 (1)

Lai, K.H. (2004), "*Service capability and performance of logistics service providers*", Transportation Research Part E, 40(95): 385-99.

Lanckriet e Heene, (1999). Realising e-operations in government in the UK: rural and urban challenges, *The Journal of Enterprise Information Management*, 18, 5, 56858585.

McAfee, A. (2002), "*The impact of enterprise information technology adoption on operational performance: an empirical investigation*", Production and Operations Management, Vol. 11(1): 33-53.

Mclean, M. e Jelassi, T.2003, "*the role of information technology in the modernization of e-operations in government*",pp237-245.

Mehrtens, J., Cragg, P.B., e Mills, A.M. (2001) A Model of Internet Adoption by SMEs, *Information and Management*, 39, 165-176

Relatório MOH (2007). Avaliação do Sistema de Informação Sanitária na Zâmbia, www.who.int/entity/healthmetrics/library/countries/hmn_zmb_hisassessment.pdf

Muganda-Ochara, N (2008). "Emergence of the E-operations in government Artifact in an Environment of Social Exclusion in Kenya". *The African Journal of Information Systems*. Volume 1(1), pp. 18-43.

Muir, A. e Oppenheim, C. (2002) National Information Policy Developments Worldwide in Electronic Government, *Journal of Information Science*, 28, 3, 173 - 186

Murphy, P.R., Poist, R.F. (2000), "Third party logistics: some user versus provider perspective", Journal of Business Logistics, 21(1)121-31.

Napoli, J., Ewing, M.T., e Pitt, L.F. (2000). Factores que afectam a adopção da Internet no sector público, *Journal of Nonprofit and Public Sector Marketing*, 7, 77-88

OCDE (2009). *Operações electrónicas da OCDE em estudos governamentais: Rethinking e-operations in government Services: user centrred approaches*, OCDE, Paris.

Orlikowski, W.J. e Lacono, C.S. (2001). Comentário de Investigação: Desperately Seeking the 'IT' in IT Research - A Call to Theorizing the Artifact. *Information Systems Research*, 12:2, pp. 121-134[electronic] Disponível em EBSCOhost Research Databases, Artigo AN 5189032 (5 de Julho de 2005).

Pinho *et al.* (2008). Operações electrónicas equilibradas no governo: E-operações no governo - Conectando uma Administração Eficiente e uma Democracia Responsiva. Um estudo da Fundação Bertelsmann, http://www-it.fmi.uni-sofia.bg/eg/res/balancede-gov.pdf

Saunders et al. (2009). Benchmarking E-operations no governo: A Global Perspective, United Nations Division for Public Economics and Public Administration, http://unpan1.un.org/intradoc/groups/public/documents/UN/UNPAN021547.pdf

Sawyer, S., & Chen T.T., (2004). Conceptualização da Tecnologia da Informação no Estudo de Sistemas de Informação: Tendências e Questões. Actas do *Grupo de Trabalho IFIP 8.2 Conferência* Manchester, UK 15-17 de Julho de 2004 Retrospectiva do 20º Ano: Teoria Relevante e Prática Informada? Olhando para o futuro a partir de uma perspectiva de 20 anos de investigação sobre SI

Sein, M.K., (2004). Conceptualizing the ICT Artifact: Toward Understanding the Role of ICT in National Development (Conceptualização do artefacto TIC: Rumo à Compreensão do Papel das TIC no Desenvolvimento Nacional). *The Information Society*, 20, 15-24 [electronic], Disponível a partir de EBSCOhost Research Databases, Artigo AN 12703003 (7 de Julho de 2005)

Simenda, K. (2009). Governo Electrónico/Móvel em África: Progress Made and Challenges Ahead, Addis Abeba, Etiópia, http://www.unpan.org/emgkr africa

Strejcek, G. e Theil, M. (2002). Technology Push, Legislation Pull. E-operações no governo na União Europeia. Sistema de Apoio à Decisão, 34 (3): 305-313

Swanson,e Crowston K,. (2004). Sistemas de Informação nas Organizações e na Sociedade: Especulando sobre os próximos 25 Anos de Investigação. Actas do *Grupo de Trabalho IFIP 8.2* Conferência Manchester, Reino Unido 15-17 de Julho de 2004 Retrospectiva do 20º Ano: Teoria Relevante e Prática Informada? Olhando para o futuro a partir de uma perspectiva de 20 anos de investigação sobre SI

Tassabehji, R. e Elliman, T. (2006). Generating Citizen Trust in e-operations in government Using a Trust Verification Agent: Uma Nota de Pesquisa. Conferência Europeia e Mediterrânica sobre Sistemas de Informação (EMCIS), http://www.iseing.org/emcis/EMCIS2006/Proceedings/Contributions/EGISE/eGISE4.pdf

Thorbjornsen, H., Supphellen, M., Nysveen, H., e Pedersen, P.E. (2002). Building Brand Relationship Online: A Comparison of Two Interactive Applications, *Journal of Interactive Marketing*, 16, 3, 17-34

Titah, R. e Barki, H. (2006). E-operações na Adopção e Aceitação pelo Governo: A Literature Review, *International Journal of Electronic Government Research*, 2, 3, 23-57.

Relatório das Nações Unidas, (2008). UN E-operations in government Research 2008: From Eoperations in government to Connected Governance, ISBN 978 -92-1-123174-8, UN Whitepaper, http://unpan1.un.org/intradoc/groups/public/documents/UN/UNPAN028607.pdf

Waema, T., Mitullah, W. (2007), E-Governance and Governance: A Case Study of the Assessment of the Effects of Integrated Financial Management System on Good Governance in Two Municipal Councils in Kenya. *ICEGOV2007*, 10-13 de Dezembro de 2007, Macau.

Wang (2002) User Acceptance of Information Technology: Rumo a uma Visão Unificada, *MIS Quarterly*, 27, 3, 425-478.

Wangpipatwong, S., Chutimaskul,W. e Papasratorn, B. (2005) A Pilot Study of Factors Affecting the Adoption of Thai E-government Websites. The International Workshop on Applied Information Technology, Banguecoque, Tailândia, 15-21 de Novembro, 25-26 de Novembro.

Warkentin, M., Gefen, D., Pavlou, P.A., e Rose, G.M. (2002) Encouraging Citizen Adoption of e-operations in government by Building Trust, *Electronic Markets*, 12, 3, 157-162.

Yildiz, M. ,(2008). E-operações no governo: iniciativas, desenvolvimentos, e questões. *Government Information Quarterly*, 24, 646-665.

Zhao, M., Droge, C., Stank, T.P. (2001), "The effects of logistics capabilities on firm performance: customer-focused versus information-focused capabilities", Journal of Business Logistics, 22(2); 91-107.

Zhu, J.J.H. e He, Z. (2002), Perceived Characteristics, Perceived Needs, and Perceived Popularity: Adopção e Utilização da Internet na China, Communication Research, 29, 4, 466-495.

ANEXO APPÊNDICES

APÊNDICE I: QUESTIONNAIRE
INSTRUÇÕES;

Por favor, responda às seguintes perguntas escrevendo uma breve resposta ou fazendo tic-tac no espaço ou nas caixas fornecidas respectivamente.

Parte A

1. Departamento..

2. Género. Sexo masculino [ ]   Feminino   [ ]

3. Posição ------------------------------

4. Número de anos na posição actual

0 -- 2 anos [ ] 2 - 5 anos [ ] Mais de 5 anos [ ]

5. Idade

20 - 25 anos [ ] 26 - 35 anos [ ] acima de 35 anos [ ]

6. Nível de Educação

Diploma [ ] Licenciatura [ ] Pós-graduação [ ] Pós-graduação [ ]

Parte B: Extensão da Qualidade de Serviço

7. Em que medida é que o seu departamento adoptou os seguintes avanços nas TIC nas operações?

Aspecto	Extensão muito baixa	Baixo extensão	Moderado extensão	Em grande medida	Muito em grande medida
Conectividade do ramo					
SMS(Mensagens de Texto)					
Móvel banca/pagamentos(Mpesa/Zap)					
Compreensão da prestação de serviços					
Imagem de documentos					

8. Em que medida é cada um dos seguintes aspectos uma barreira à qualidade do serviço no seu departamento?

	Sem extensão	Baixo grau	Moderado	Em grande	Em muito grande medida
Questões de Segurança					
Apoio à gestão de topo					
O medo da gestão da tecnologia					
Nível de alfabetização dos clientes					
Sensibilização dos clientes					
Integração de sistemas de informação					
Falta de competências por parte do pessoal de TI.					

Secção C: Sistemas de Informação

12. Em que medida tem a tecnologia sido utilizada nos seguintes aspectos da gestão de risco no seu departamento?

	Muito em grande medida	Em grande medida	Moderado extensão	Pequeno extensão	De modo algum
Análise de risco					
Controlo de risco					
Controlo dos riscos					
Estimativa e avaliação do risco (avaliação)					
Minimizar o seu impacto, abordando a probabilidade e o impacto directo					

Secção D: E-Reporting

9. Em que medida é que os seguintes factores moderam o efeito de desempenho do E-Reporting no seu departamento?

Factores	Extensão muito baixa	Baixo extensão	Moderado extensão	Em grande medida	Muito em grande medida
Dinamismo ambiental					
Orientação externa					
Integração da tecnologia na gestão estratégica de uma empresa					
Compromisso da gestão de topo com a tecnologia					
Experiência anterior firme com a tecnologia					
Satisfação do utilizador com os sistemas					

Secção E: Gestão Organizacional

11. Qual é o seu nível de acordo sobre o seguinte como o efeito da gestão no desempenho organizacional?

Efeito	Concordo plenamente	Concorda	Neutro	Discordar	Discordar fortemente
Melhoria da gestão de risco					
Aceleração da transferência e processamento da informação					
Melhoria da qualidade (actualidade, exactidão, acessibilidade) da informação					
Melhoria da gestão do capital humano					
Melhoria da Ligação entre Regiões & Administração					

AGÊNCIAS GOVERNAMENTAIS NO QUÉNIA ANTES DA ADOPÇÃO DE OPERAÇÕES ELECTRÓNICAS

Favor indicar o nível de desempenho nas caixas fornecidas no quadro abaixo

Indicadores	Crescimento ou declínio anual no ano (%)					Crescimento médio ou declínio
Ano	1999/ 2000	2000/ 01	2001/ 02	2002/ 03	2003/0 4	
Receitas						
Base de clientes						
Número de funcionários						
Serviço diversificação/entrega						

AGÊNCIAS GOVERNAMENTAIS NO QUÉNIA APÓS A ADOPÇÃO DE E-OPERAÇÕES

Favor indicar o nível de desempenho nas caixas fornecidas no quadro abaixo

Indicadores	Crescimento ou declínio anual no ano (%)					Crescimento médio ou declínio
Ano	2005/ 2006	2006/ 07	2007/ 08	2008/ 09	2009/1 0	
Receitas						
Base cliente/imposto						
Número de funcionários						
Serviço diversificação/entrega						

10. Quais são os factores que dificultam a plena exploração da tecnologia que consequentemente afectam o desempenho do seu departamento?

13. Que outro aspecto do desempenho é melhorado com a adopção das TIC no seu departamento?

Buy your books fast and straightforward online - at one of world's fastest growing online book stores! Environmentally sound due to Print-on-Demand technologies.

Buy your books online at
www.morebooks.shop

Compre os seus livros mais rápido e diretamente na internet, em uma das livrarias on-line com o maior crescimento no mundo! Produção que protege o meio ambiente através das tecnologias de impressão sob demanda.

Compre os seus livros on-line em
www.morebooks.shop

Printed by Books on Demand GmbH, Norderstedt / Germany